Édition : BoD – Books on Demand, info@bod.fr
Impression : BoD – Books on Demand,
In de Tarpen 42, Norderstedt (Allemagne)
Impression à la demande
ISBN : 978-2-3224-3959-1
Dépôt légal : Septembre 2022

Préface

« *Au détour de quelque coin de l'univers inondé des feux d'innombrables systèmes solaires, il y eut un jour une planète sur laquelle des animaux intelligents inventèrent la connaissance. Ce fut la minute la plus orgueilleuse et la plus mensongère de l' "histoire universelle", mais ce ne fut cependant qu'une minute. Après quelques soupirs de la nature, la planète se congela et les animaux intelligents n'eurent plus qu'à mourir* »

-Nietzsche, *Vérité et mensonge au sens extra-moral*

Le transhumanisme

Le mouvement transhumaniste est un bouleversement dans l'histoire de la philosophie, car il pose enfin la question résolument moderne des limites de l'homme. Pourtant sa diffusion actuelle dans le milieu universitaire et savant reste encore marginale, voire même moquée, à tel point qu'il semble plus cohérent de considérer le courant transhumaniste comme le support d'un discours futuriste sur la biologie, la physique et les progrès de la science « en général » que comme un réel ensemble de doctrines philosophiques. On aurait pourtant tort d'occulter les fondements philosophiques à l'origine du transhumanisme, car cela reviendrait à laisser le destin de l'humanité entre les mains soit des scientifiques, soit des moralistes. Or, c'est bien la discussion et le débat autour des sujets que traite le transhumanisme qui pourront nous permettre de savoir ce que nous voulons pour le futur de l'humanité. Lorsqu'on s'intéresse pour la première fois à la philosophie transhumaniste, on est d'abord amusé par l'imagination délirante dont elle peut parfois faire preuve. Après l'étonnement vient l'horreur suscitée par la transformation cauchemardesque qu'elle prévoit pour l'humanité. Mais finalement, on reste captivé, peut-être même médusé par l'ambition lucide dont le transhumanisme fait preuve. Si l'on peut caractériser le transhumanisme comme un courant composé d'un ensemble de doctrines, c'est parce que le mouvement implique un mode de pensée structuré, une certaine unité, capable de tenir et de défendre une théorie en vue d'une pratique effective.

Avant d'aller plus loin, nous nous proposerons de rappeler le problème philosophique majeur énoncé par Albert Camus dans *Le mythe de Sisyphe*, car ce problème en particulier peut nous permettre d'aborder le transhumanisme avec sérieux. Si la vie est absurde, pourquoi ne pas lui préférer le suicide ? Si je ne suis qu'un fantôme qui passe à travers le temps, qui naît, existe, puis meurt, faisant exister le monde avec moi et l'annihilant par ma mort, à quoi bon vivre ? À quoi bon faire ? Aucune de mes actions n'a d'importance. On pourra toujours se souvenir de moi, je pourrais avoir modifié drastiquement le monde, peu importe, car la mort m'engloutit dans le Néant et efface ma conscience à jamais. On pourrait rétorquer qu'il suffit de se contenter de vivre le moment présent, mais cela serait admettre que l'homme n'est qu'un animal comme les autres. Il est en réalité extrêmement difficile de se relever philosophiquement d'une telle considération, car elle remet en question l'intérêt de tous les domaines humains que ce soit l'art, la politique, la morale, la science... Le progrès humain doit nous permettre de mieux vivre, mais mieux vivre doit forcément n'être qu'un moyen pour arriver à une fin plus grande qu'un état de bonheur végétatif. Il s'avère que le transhumanisme est l'un des seuls courants, pour ne pas dire l'unique, qui permette de surmonter les problèmes posés par un existentialisme froid et ironique, et de dépasser enfin le cynisme qui s'impose comme une fatalité aux esprits les plus brillants qui furent un jour ébranlés par l'absurdité de cette vie, par la cruelle désillusion qui dévoile, à qui veut bien le voir, le côté essentiellement théâtral et superficiel de son propre rôle dans le monde. Si Camus dissipa le voile qui faisait passer la vie pour autre chose qu'un jeu absurde, le mouvement et l'ambition transhumanistes se proposèrent justement de réinvestir la vie d'un but, d'une fin propre à l'essence de l'homme, soit, en d'autres termes, de renouer avec un humanisme d'un nouveau genre devant réconcilier l'humain avec sa fin.

L'homme est caractérisé par son *hybris* : chacun d'entre nous cache en lui (plus ou moins profondément) une figure luciférienne qui l'invite à penser qu'il vaut mieux, qu'il est promis à de grandes choses, mais certainement pas à la mort. Nous avons ainsi tendance à nous conforter dans l'illusion que la mort est une chose lointaine qui ne concerne que les autres. Nous devons assumer cette volonté d'être plus que des hommes, comme Lucifer voulut être plus qu'un ange, au risque de faire de nous des diables, du moins au regard des détracteurs du transhumanisme. La mort n'est plus une fatalité absurde, mais un défi lancé au transhumaniste qui emploiera sa vie entière à trouver un moyen de repousser les limites de son corps et de son esprit pour espérer faire de l'immortalité une réalité pour lui et ses semblables. Par nature, l'homme tient à la vie et redoute la mort alors même qu'il la sait inexorable. Les progrès humains visent d'ailleurs une vie plus confortable et *in fine*, une vie la plus longue possible. Il faut alors penser que le but de l'être humain, le sens de la vie de toute l'humanité, est donc forcément d'accéder d'une manière ou d'une autre à l'immortalité. Cette immortalité n'existe pour l'instant que de manière métaphorique, par les moyens que la vie elle-même a mis à notre disposition, à savoir la transmission du savoir et de la vie à la nouvelle génération et la modification technique et artistique de notre environnement.

L'angoisse de la mort est de plus en plus oppressante au fur et à mesure du progrès technique, car avec lui viennent la satisfaction des besoins et le luxe de l'ennui permis par les sociétés modernes. La question de la finitude, de notre vie, mais aussi celle de notre planète, deviennent alors de plus en plus préoccupantes même lorsque nous essayons de les fuir dans le divertissement, lequel n'est en fait qu'une diversion. Ainsi, le transhumanisme a en réalité une place déterminante, bien qu'extrêmement controversée, voire même niée, dans l'histoire de la philosophie. Pour comprendre davantage la philosophie transhumaniste et ses enjeux contemporains, le lecteur est invité à lire *Le manifeste des Mutants* présent en fin d'ouvrage. Si l'humanisme a placé l'homme à la fois au point de départ et au centre de ses enquêtes philosophiques, c'est son dépassement que le transhumanisme privilégie. En somme, l'homme est le seul être vivant qui ait la volonté de devenir plus que ce qu'il est, et de dépasser les déterminations de sa nature, c'est pourquoi les concepts de nature humaine et d'humanité sont si difficiles : leurs contenus ne sont pas immuablement fixés et évoluent en même temps que l'homme lui-même. C'est peut-être cette volonté de déshumanisation, qui est en fait une volonté de se transcender, qui nous permet de penser une autre vision de ce que doit être l'humanité. Nous cessons alors d'être humain, trop humain. L'immortalité ou la colonisation des planètes restent encore aujourd'hui inenvisageables mais les transhumanistes ne sont pas des égoïstes qui se satisfont des petits plaisirs d'une vie bien remplie, ils sont les porteurs de lumière qui œuvrent et se sacrifient pour rendre cet avenir possible. Ils passent parfois pour des monstres immoraux mais ils travaillent avant tout pour le salut de l'humanité, car eux-mêmes ne vivront pas assez longtemps pour voir leur travail porter ses fruits. Ils souhaitent néanmoins que les générations suivantes puissent accéder un jour à la sur-humanité pour réaliser la fin de l'être humain.

Qui est Bernal ?

Nous pouvons citer le nom des trois principaux précurseurs du transhumanisme : Julian Huxley à qui l'on doit la paternité du terme, frère du célèbre romancier Aldous Huxley, il produira des travaux sur l'eugénisme, John Burdon Sanderson Haldane, théoricien de l'ectogenèse et enfin John Desmond Bernal qui partage ses considérations et ses rêves sur la conquête spatiale et la transformation de l'être humain que d'aucuns qualifieraient de fantasques, naïfs ou dangereux. Mais alors pourquoi traduire Bernal et dans quel but ? À l'heure où la philosophie est tournée vers le passé ou peine à dépasser le présent, la voix du transhumanisme portant sur l'avenir et la transformation du monde est étonnamment silencieuse. L'apparition des grandes idées est une affaire de contexte, et le contexte, aujourd'hui, nous pousse davantage à penser l'avenir plutôt que d'enterrer notre pensée dans un cimetière d'auteurs morts il y a des siècles. La pensée transhumaniste est majoritairement britannique et américaine et force est de constater que la France, flambeau de la philosophie à travers le monde ne s'y est que peu intéressée malgré le rayonnement international des philosophes français. Les textes des trois transhumanistes "précurseurs" et des trois transhumanistes "officiels", à savoir Robert Ettinger, FM 2030 et Max More, ne sont quasiment pas traduits en langue française.

Bernal, lui, nous offre une vision ambitieuse du futur et son œuvre, comme la philosophie transhumaniste, mérite d'être prise au sérieux au moins pour pouvoir prétendre à la critique, c'est-à-dire être digne d'une analyse sérieuse, et par là même, acquérir une certaine légitimité sur le plan rationnel et philosophique. C'est assurément ce dont a besoin le transhumanisme aujourd'hui, non seulement au sein de l'université ou dans les milieux savants, mais aussi pour tous ceux qui se préoccupent de ces sujets.

Commençons par répondre brièvement à cette question incontournable : qui est Bernal ? Question qui n'est pas de trop, car l'histoire de la philosophie ne lui a pas vraiment rendu honneur. John Desmond Bernal (1901-1971) est un philosophe de nationalité anglaise et un spécialiste de biophysique. Il étudie les mathématiques et la science à l'université de Cambridge et obtient son diplôme en 1922 avant d'entamer des recherches dans les sciences et de devenir lui-même professeur de physique. Ses écrits vont être imprégnés par la doctrine marxiste qu'il défend. Il rejoint le Parti communiste de Grande-Bretagne en 1923. Il devient membre de la *Royal Society* en 1937 et travaillera pendant la Seconde Guerre mondiale au ministère de la sécurité intérieure. Il se verra décerner le Prix Staline pour la paix en 1953 et accédera à la fonction de président du Conseil mondial de la paix quelques années plus tard. Ce que nous pouvons considérer comme son œuvre philosophique principale s'intitule *The World, the Flesh and the Devil*, parue en 1929 que nous avons traduit ici de l'anglais. Il s'agit d'une enquête sur les trois ennemis de l'âme rationnelle au sein de laquelle Bernal va pouvoir poser les jalons de la philosophie transhumaniste.

Le Monde, La Chair et le Diable

Le Monde, La Chair et le Diable n'est pas un traité de physique ou de biologie expérimentale, mais bien un essai philosophique qui ne fait que très peu appel aux travaux de ses collègues physiciens. Et pour cause, même si ces derniers sont encourageants, ils ne suffisent pas à satisfaire les rêves du visionnaire qu'est Bernal.

Préface

D'abord, le monde, notre monde, la terre, c'est-à-dire l'arche porteuse du phénomène de la vie, encore mystérieux aujourd'hui, est condamnée dans le temps. La surpopulation, les dangers climatiques et en dernier lieu l'extinction du soleil nous fait prendre conscience du défi qui est le nôtre. En ce sens, le transhumanisme donne un sens véritable à l'écologie en tant qu'elle doit permettre la conservation de la terre en attendant de pouvoir trouver d'autres lieux habitables. Bernal est visionnaire et anticipe des événements majeurs qui se sont produits au cours du XXe siècle comme la construction des fusées et la conquête de l'espace. Il imagine alors son fameux globe constitué d'un gros astéroïde, mis en gravitation autour du soleil à l'aide de la tractation d'une fusée et creusé pour permettre d'accueillir des colons. L'opération semble fantasque aujourd'hui encore, mais rappelons que l'humanité ainsi que les sciences font œuvre de nombreux progrès techniques ces dernières décennies ; progrès rendant cette technique toujours plus pointue et changeant drastiquement notre rapport au monde et au possible.

La terraformation ou la conquête de nouveaux mondes, artificiels ou naturels n'est limitée que par l'imagination et la technique. Bernal a compris que l'imagination pouvait être dépassée et la technique, perfectionnée sans cesse jusqu'à ce que le futur plié et orienté selon nos désirs, les rendent enfin possibles.

Préface

Ce n'est pas tout, Bernal pense la chair, c'est-à-dire le caractère organique de l'être humain non comme un défaut, mais comme un obstacle à de plus amples progrès. Les machines, de plus en plus performantes, exigent un contrôle de plus en plus parfait pour être maîtrisées à la hauteur de nos attentes. Pour Bernal, seule une osmose entre l'homme et la machine peut permettre cet exploit. Il faut comprendre que l'humanité est un concept mouvant et que la déshumanisation qu'entraînerait la cybernétique serait en réalité la création d'une autre humanité. Comme le dit Bernal, il ne peut y avoir d'humanité que si une conscience est encore présente pour la penser. L'humanité annihilée n'est plus l'humanité et mieux vaut être un homme cybernétique qu'un homme mort. La transformation de la chair se fait à travers une progression lente. D'abord, les vêtements doivent perfectionner les propriétés de la chair (comme les tenues des astronautes qui les protègent du vide sidéral) puis les greffes cybernétiques pourront perfectionner les sens. Enfin, l'homme pourra être réduit à son cerveau placé directement dans la machine la plus évoluée, ce qui va ainsi lui offrir au moins 200 ans d'existence. Mais Bernal ne s'arrête pas là et veut penser encore un stade ultime d'évolution qui va nous permettre de nous laisser aller aux rêves et aux supputations philosophiques les plus incroyables. À terme, nous pourrons penser que tous les cerveaux soient interconnectés pour former une masse critique de connaissances et de vécus qui sera à jamais conservée intacte et finalement, il sera possible que cet ensemble, que notre imagination actuelle peine déjà à qualifier, parvienne à devenir complètement indépendant de la matière, c'est-à-dire qu'il puisse se conserver sous la forme d'un pur esprit agissant littéralement par la pensée sans n'avoir plus besoin d'un médium quelconque et ne faisant qu'un avec le cosmos. Ce stade, probablement le dernier, semble complètement incompréhensible même en usant de notre imagination, car même si dans son principe l'imagination veut s'affranchir du réel, elle ne peut le faire qu'à partir de lui : l'imagination du futur est toujours un bond en avant, son contenu évolue donc sans cesse au fur et à mesure des nouvelles aspirations scientifiques et des nouveaux espoirs permis par le progrès technique. Mais personne ne peut savoir ce que l'être humain serait capable de faire s'il possédait un contrôle total sur son cerveau et une maîtrise totale de ses capacités, d'abord à l'aide de la machine, puis seul. Nous ne pourrions qu'à peine entrevoir ce que pourrait impliquer une telle possibilité. Nous ne serions plus seulement des êtres éternels. Nous serions omniscients et omnipotents si tant est que ces mots aient encore un sens à ce moment-là. Nous serions aussi hors du temps et de l'espace et, d'après Bernal, nous pourrions créer la vie *ex nihilo*, simplement par la pensée, et la laisser se développer de la même manière qu'on peut déjà la produire en laboratoire et l'observer. La fin de l'humanité serait alors la divinité. Même si Bernal ne l'évoque pas clairement, nous deviendrions des Dieux (ou plutôt une force divine, c'est-à-dire un stade de pure perfection ordonnant l'univers, les lois physiques et la vie elle-même). La question qui peut alors nous tarauder et que Bernal ne pose pas ici est : « Et si ce stade n'est pas le dernier, mais le premier ? Et si nous étions nous-même le produit de la volonté d'un Dieu qui se serait constitué de la même manière ? Et si nous n'étions qu'une expérience ? » Le seul moyen de le savoir est en quelque sorte de réussir le test ! Ce qui pourrait nous en empêcher, c'est soit notre inertie soit notre autodestruction.

Bernal appelle *le Diable* tout ce qui freine notre progrès. La morale, bien sûr, ainsi que la peur du changement et de la déshumanisation, la peur de la ruine de l'espèce et la destruction totale qui pourrait être causée par le progrès technique mal maîtrisé. Ces considérations sont assez bien défendues chez un auteur comme Jonas par exemple qui se fait un adversaire du transhumanisme moderne et tente de mettre en garde l'humanité contre les dangers de la technique en élaborant une éthique de la responsabilité de l'humanité pour les générations futures, une éthique qui impose un principe de précaution. Mais pour Bernal, nous sommes dans l'urgence et l'urgence implique nécessairement une prise de risques. L'État est un autre obstacle potentiel, car il administre une société sans vraiment prendre en compte l'avenir de l'humanité toute entière. Pour Bernal, la conquête spatiale et l'existence de l'humanité au-delà des frontières de la terre impliquent une société sans État qui réunisse personnel d'équipage et techniciens. On pourrait alors assister ici à l'émergence d'une technocratie qui cacherait sa véritable nature, mais les convictions marxistes de Bernal le poussent à penser l'absence pure et simple de politique, rendue inutile par le dépassement du besoin d'une quelconque superstructure, laquelle serait toujours un frein au développement de l'infrastructure : le cadre éthique, légal, politique est précisément ce qui entrave les progrès en faveur du transhumanisme et les mutations des États et de leur intérêts ou de leurs priorités sont trop lentes. Comment gérer alors les passions humaines et les volontés divergentes ? C'est encore une manière dont le Diable apparaît, mais, pour Bernal, l'humanité aura alors suffisamment évolué pour accéder à une forme de maturité. Un schisme dichotomique devrait alors se faire entre les visionnaires qui partiront à la conquête de l'espace, unis dans un but commun, et les hédonistes, les moralistes et, disons-le, les idiots qui resteront sur terre et pourront d'autant mieux profiter de ses ressources et se satisfaire d'une vie végétative. C'est là un moyen pour séparer les seigneurs (dans le sens nietzschéen du terme), maîtres de leur destin et ambitieux au-delà de l'imaginable et les esclaves, qui ont succombé à leur Diable et se condamnent eux-mêmes à une vie sans véritable sens, soumis à leurs passions.

Préface

Il y aurait encore bien des choses à dire, des parallèles à faire, des interprétations à proposer, mais le mieux est encore de lire Bernal en espérant que sa traduction saura être la plus claire possible tout en étant la plus proche du texte original.

Thomas Primerano

Le Monde, la Chair et le Diable

Le Monde, la Chair et le Diable

Le Monde, la Chair et le Diable
Enquête sur l'avenir de trois ennemis de l'âme rationnelle

—

John Desmond Bernal

—

Traduit de l'anglais par Thomas Primerano

Le Monde, la Chair et le Diable

I. Le futur

Il y a deux futurs, le futur du désir et le futur du destin, et la raison de l'homme n'a jamais appris à les séparer. Le désir, la chose la plus forte du monde, est lui-même tout futur, et ce n'est pas pour rien que dans toutes les religions le motif tend toujours vers un avenir sans fin de béatitude ou d'anéantissement. Maintenant que la religion cède la place à la science, l'avenir paradisiaque de l'âme s'efface devant l'avenir utopique de l'espèce, mais toujours règne l'avenir. Il y a encore de l'autre côté, le destin, ce qui arrivera inévitablement, un avenir qui n'est pas soucieux, comme l'autre, de l'homme et de ses désirs, mais inexorable et sans considération de l'univers, de l'espace et du temps. Le bouddhiste cherche à échapper au cercle de la vie et de la mort, le chrétien le dépasse dans la foi d'un autre monde à venir, le réformateur moderne, aussi irréaliste bien que moins imaginatif, revendique son futur choisi, dans le monde des hommes.

Pouvons-nous réconcilier désir et destinée d'une meilleure manière ? Dans la croyance du scientifique, l'avenir ne peut être soumis à l'analyse objective que s'il peut mettre de côté tout désir concernant l'un ou l'autre futur ; et pourtant, en atteignant cette compréhension inaccessible par une influence mutuelle, ses désirs et les événements peuvent devenir de plus en plus harmonisés. Nourrissant cet espoir, ou mieux encore, mû par une pure curiosité pour les choses à venir, comment est-il possible d'examiner scientifiquement l'avenir ? Car dans la science de l'avenir, l'observation est aussi impossible que l'expérimentation et des trois méthodes, il ne nous reste plus que celle de la prédiction. Dans les autres sciences, la prédiction ne joue qu'un petit rôle, et à juste titre, car la vérification est toujours sur ses talons. Mais il existe des méthodes générales dans la prévision scientifique et nous pouvons essayer de les appliquer en traitant de l'état futur dans son ensemble.

D'abord et avant tout, il est nécessaire d'exclure l'illusion autant que possible, car pour la plupart d'entre nous, l'avenir est la compensation et l'accomplissement de tout ce qui a manqué au présent et au passé. Étant inconnu et incontestable, l'avenir a été un terrain neutre sur lequel placer tous ces espoirs et tous ces désirs. Mais concernant la prédiction scientifique, ces désirs sont les guides les plus illusoires. Le danger opposé est aussi grand et plus insidieux : dans nos vies, nous tenons le présent pour acquis bien au-delà de ce que nous pouvons réaliser, de sorte que même lorsque nous pensons à l'avenir, nous ne pouvons pas séparer les accidents historiques de la société dans laquelle nous sommes nés des bases axiomatiques de l'univers. Jusqu'aux derniers siècles, cette incapacité à voir l'avenir autrement que comme une continuation du présent n'en empêchait que les anticipations mystiques. Heureusement, ces erreurs complémentaires affectent différentes parties de l'avenir. C'est dans un futur proche où nous sommes encore en relation bienveillante avec les hommes et les événements que nos désirs ont le plus de pouvoir pour déformer notre appréciation des faits. Nous nous soucions moins de l'avenir plus lointain, mais pour l'aborder, nous devons nous débarrasser de tant de formes coutumières, que même les prophètes les plus éclairés laissent leur imagination s'arrêter dans une utopie statique malgré toutes les preuves indiquant une accélération toujours croissante de changement.

Quelles idées positives peuvent être trouvées pour remplacer l'anticipation naïve que l'avenir sera comme le présent, mais plus agréable (ou plus désagréable, selon le tempérament de certains) ? Le principe directeur est celui par lequel Lyell[1] a fondé la géologie scientifique : l'état du présent et les forces qui y opèrent contiennent implicitement l'état futur et indiquent la voie de son interprétation. Nous avons à notre disposition trois disciplines de pensée pour nous aider à cette interprétation. L'histoire (dont l'histoire humaine n'est qu'une partie minime) nous dit comment les choses ont changé et comment, par déduction, elles changeront dans le futur. À strictement parler, la prophétie doit être traitée comme faisant partie de l'histoire, mais, jusqu'à ce que

---

[1]Charles Lyell a publié dans les années 1830 ses *Principes de géologie* défendant l'uniformitarisme évoqué ici par Bernal

l'histoire ait trouvé ses lois, elle doit principalement être utilisée comme un entrepôt de faits illustratifs ; bien qu'on puisse dire vaguement que tout ce qui arrivera doit être conforme à l'esprit de l'histoire. Les sciences physiques, telles que nous les connaissons, nous donnent la matière à partir de laquelle se construit l'avenir autant que le passé, et la manière de cette construction. La manière nous apparaît comme une loi physique, mais il se peut bien qu'elle se révèle être une tautologie que nous ne sommes pas en mesure de saisir, car congénitalement trop limités. Enfin, il y a la connaissance de nos désirs, mais même si l'avenir d'après nos désirs est une illusion, nos désirs tendent paradoxalement déjà à être le principal agent de changement dans l'univers. C'est seulement que le changement réel est trop rarement le changement souhaité.

La difficulté initiale dans la prédiction générale de l'avenir est son énorme complexité et l'interdépendance de toutes ses parties. Mais cette complexité n'est pas complètement chaotique et on peut toujours l'attaquer en la considérant comme un produit du hasard et du déterminisme, hasard là où on ne voit pas les relations, déterminisme là où on le peut. Les événements à partir desquels se construit une chose aussi compliquée que l'état général de l'univers ne forment ni un tout indivisible ni un ensemble d'unités également indépendantes, mais consistent en des complexes (nébuleuse, planète, mer, animal, société) dont les composants sont eux-mêmes des pièces complexes.

Le Monde, la Chair et le Diable

Cette hiérarchie de complexes n'est pas supposée avoir une validité objective, elle n'est qu'une expression des modes de pensée humaine, une simplification commode qui rend la science possible. À l'intérieur de chaque complexe, le développement se déroule selon ses propres règles, déterminées par la nature du complexe. Mais ces règles comprennent toujours en effet, l'interaction aléatoire statistique des complexes d'un ordre inférieur, si elles ne se réduisent pas entièrement à ce qui est. On peut montrer que le taux de mortalité d'une ville, par exemple, est fonction de la somme d'argent qu'elle dépense pour les mesures sanitaires, mais les décès individuels semblent, du point de vue de la ville, être dus à des circonstances fortuites même si, encore une fois, pour chaque individu concerné, elles sont déterminés. Nous pouvons toujours laisser de côté les complexes supérieurs lorsque nous considérons les inférieurs. Un atome d'oxygène répondra à son environnement de la même manière que dans une nébuleuse, une roche ou un cerveau humain.

Maintenant, le complexe dont nous nous occupons ici est l'esprit humain, et nous pouvons donc partir de l'hypothèse que le reste de l'univers suit son chemin déterminé par ses lois physiques, chimiques et biologiques, sauf dans la mesure où l'homme lui-même intervient. Absolument, nous ne savons presque rien de ces lois, mais relativement à notre connaissance du comportement humain, nous les connaissons si bien que le futur qu'elles présentent - le futur astronomique, géologique, biologique - semble une chose fixe et stable.

Dans les affaires humaines, l'avenir immédiat se révèle dans la suite des tendances visibles dans le présent. Au-delà doivent venir l'application et le développement des connaissances actuelles. C'est la base minimale pour la prédiction, mais notre connaissance actuelle porte en elle l'implication de progrès de la connaissance encore plus importants dans le même sens. Ce sont les applications de ces nouvelles connaissances et les résultats secondaires qui en découlent qui nous préoccuperont principalement, car il est évidemment impossible d'aller plus loin et d'inclure des découvertes encore insoupçonnées. Bien sûr, il y a de fortes chances que l'une des découvertes imprévisibles soit si importante qu'elle détournera tout le cours du développement. Mais se laisser décourager par cette chance reviendrait à renoncer à toute tentative de prédiction. L'élément du hasard intervient déjà lorsque l'on considère des applications ou des développements de connaissances dans plus d'un domaine restreint, car même si nous pouvons prédire assez bien le développement dans ce domaine, nous ne pouvons pas prédire le taux de développement, ainsi que les taux de développement dans différents domaines, qui réagissent constamment les uns avec les autres. Ces taux étant imprévisibles, l'avenir qui en résulte devient de plus en plus incertain au fur et à mesure que nous regardons vers l'avant. La seule façon de traiter cette complexité est de séparer les variables du mieux que nous pouvons, en considérant arbitrairement les développements comme se déroulant dans un domaine, sans développement dans aucun des autres, puis en combinant les résultats obtenus en appliquant cette méthode dans différents domaines. En même temps, nous devons garder à l'esprit que l'état du développement à une période donnée doit être un tout cohérent. Chaque ligne de développement doit avoir atteint le niveau qu'impliquent les nécessités de n'importe laquelle des autres lignes : par exemple, le contrôle chimique de la vie requiert le développement d'une technique et d'appareils chimiques d'un niveau très élevé. D'autre part, des pans entiers de certains développements peuvent devenir superflus en raison de développements dans d'autres domaines. Par exemple, la fabrication d'aliments synthétiques et l'industrie qui s'y rattache seraient inutiles si le sang était utilisé directement comme force motrice pour les animaux.

Évidemment, nous ne pouvons pas procéder avec cette méthode dans le détail. Si nous le pouvions, nous serions non seulement capables de prédire exactement l'avenir, mais également d'en faire le présent. Par souci de brièveté, il convient de ne considérer que trois champs.

L'homme est occupé et a été constamment occupé depuis son évolution séparée, par trois sortes de luttes. D'abord avec les forces massives et inintelligentes de la nature, la chaleur et le froid, les vents, les fleuves, la matière et l'énergie ; deuxièmement, avec les choses qui lui sont plus proches, les animaux et les plantes, son propre corps, sa santé et sa maladie ; enfin, avec ses désirs et ses peurs, ses imaginations et ses bêtises. Dans chacune de ces divisions, à tour de rôle, nous ferons l'hypothèse arbitraire que son progrès dans celle-ci se poursuivra tandis qu'à d'autres égards, il restera le même.

Le Monde, la Chair et le Diable

Le Monde, la Chair et le Diable

II. Le Monde

D'abord, donc, dans le monde matériel. Ici, la prédiction est sur son terrain le plus sûr et est, dans les premières étapes, presque une affaire de mathématiques. Les découvertes physiques des vingt-cinq dernières années doivent trouver leur application dans le monde de l'action - un processus qui vient à peine de commencer, mais dont la nature est facilement discernable. Jusqu'à présent, nous avons vécu, grâce à des découvertes du début et du milieu du XIXe siècle, une ère macro-mécanique de la puissance et du métal. Essentiellement, elle a réussi à substituer le mécanisme de certains des mouvements mécaniques les plus simples du corps humain, avec de la vapeur et plus tard de l'énergie électrique à la place de l'énergie musculaire. C'était suffisant pour révolutionner l'ensemble de la vie humaine et faire pencher définitivement la balance pour l'homme contre les forces naturelles grossières, mais les découvertes du XXe siècle, en particulier la micro-mécanique de la théorie quantique qui touche à la nature de la matière elle-même, sont bien plus fondamentales et doivent à terme produire des résultats bien plus importants. La première étape sera le développement de nouveaux matériaux et de nouveaux procédés dans lesquels la physique, la chimie et la mécanique seront inextricablement fusionnées. On atteindra bientôt le stade où l'on pourra produire des matériaux qui ne soient pas simplement des modifications de ce que la nature nous a donné sous forme de pierres, de métaux, de bois et de fibres, mais qui soient fabriqués selon les spécifications d'une architecture moléculaire. Nous connaissons déjà toutes les variétés d'atomes, nous commençons à connaître les forces qui les unissent, bientôt, nous le ferons d'une manière qui convienne à nos propres fins. En fait, le professeur Goldschmidt d'Oslo a déjà réalisé de nombreuses structures modèles dans lesquelles des substances existantes sont étroitement copiées dans différents atomes, de manière à fabriquer de nouvelles substances, plus molles ou plus dures, ou plus ou moins fusibles. Les sulfo-nitrures avec des structures de silicate seront plus durs et plus infusibles que n'importe quoi sur terre. Une substance similaire - le carboloy, qui est déjà sur le marché - associe la résistance de l'acier à la dureté du diamant et est capable de travailler le verre comme un métal. Il existe des structures modèles possibles similaires pour les substances organiques. Les complexités sont plus grandes, mais les résultats seront considérables. Les molécules liées qui font des fibres et des substances élastiques telles que le caoutchouc ou le muscle, cèdent déjà à l'investigation aux rayons X. Les corps protéiques de la matière vivante doivent avoir une structure analogue, mais plus complexe. Après l'analyse viendra la synthèse, et pour un endroit où l'on pourra imiter la nature, on pourra l'améliorer en dix, et fournir des modèles de matières organiques aux propriétés plus variées et capables de résister à des conditions plus rigoureuses. Le résultat - pas si lointain - sera probablement la fin de l'âge des métaux et de tout ce qu'il implique - mines, fours et moteurs de construction massive. À la place, nous devrions avoir un monde de matériaux textiles, légers et élastiques, résistants uniquement aux fins pour lesquelles ils sont utilisés, un monde qui imitera la perfection équilibrée d'un corps vivant.

En même temps, une grande partie de ce dont nous avons besoin pour subvenir aux exigences de la vie moderne deviendrait inutile. Avec des systèmes améliorés de fabrication chimique, nos aliments et nos vêtements seront produits avec beaucoup moins de dépenses d'énergie dans la fabrication et le transport. Et le développement de ce dispositif[2] ne cessera pas. Il devrait prendre des formes plus raffinées - moteurs thermiques capables de fonctionner à des différences de température de plus en plus faibles, moteurs de vitesse de plus en plus élevée, machines électriques à haut potentiel et à haute fréquence - et devrait conduire à la solution des deux problèmes les plus fondamentaux : la transmission efficace de l'énergie par les ondes à basse fréquence (sans fil) et l'utilisation directe des ondes à haute fréquence

---

[2]Nous choisissons de traduire « *mecanism* » en « dispositif » au lieu de « mécanisme » car il s'agit bien ici d'un ensemble de mesures faisant système et non d'un simple rouage isolé.

(lumière) du soleil. Du côté chimique, le problème de la production d'aliments dans des conditions contrôlées, biochimiques et finalement chimiques, devrait devenir un fait accompli. Dans les nouveaux aliments de synthèse, se conjugueront efficacité physiologique et gamme de saveur égale à celle que la nature offre, ou la dépassant selon les exigences gustatives. Sans oublier une gamme de texture, dont l'absence a jusqu'à présent été le principal inconvénient des aliments de substitution. Avec une telle variété de combinaisons à travailler, la gastronomie pourra, pour la première fois, se hisser au rang des autres arts.

Tous ces développements conduiraient à un monde incomparablement plus efficace et plus riche que l'actuel, capable de faire vivre une population beaucoup plus nombreuse, à l'abri du besoin et disposant de loisirs variés. Mais ce sera encore un monde limité dans l'espace, à la surface du globe et dans le temps, car soumis aux caprices des époques géologiques. Déjà, s'éveille chez les hommes l'ambition de conquérir l'espace comme ils ont conquis les airs, et cette ambition, d'abord fantasque, se renforce à mesure que le temps passe nécessairement de plus en plus. En fin de compte, il semblerait impossible qu'il ne soit pas résolu. Notre adversaire est ici la simple courbure de l'espace-temps qui, tôt ou tard, doit être praticable. Il s'agit ici simplement d'acquérir une accélération technique suffisante. Même maintenant, il est possible d'imaginer des méthodes pour accomplir cette accélération sans nous baser sur d'autres connaissances que celles que nous possédons déjà. La conquête de l'espace pose un problème dont toutes les difficultés sont au départ. Une fois le champ gravitationnel de la terre surmonté, l'évolution doit suivre avec une immense rapidité. Sans trop entrer dans les détails mécaniques, il apparaît que la méthode la plus efficace pour quitter la terre est basée sur le principe de la fusée, et la difficulté, telle qu'elle existe, est simplement de projeter les particules, dont on utilise le recul, avec la plus grande vitesse possible, de manière à économiser à la fois l'énergie et la quantité de matière nécessaire à la propulsion. Jusqu'à présent, toutes les formes de fusée dépendent du mouvement de masses de gaz dans lesquelles les molécules individuelles se déplacent à des vitesses élevées dans des directions parfaitement aléatoires, et l'on n'utilise que la vitesse moyenne dans la direction souhaitée. Ce qu'il faut en premier lieu, c'est une forme de démon de Maxwell[3] qui ne laisse s'échapper que les molécules dont les vitesses sont élevées et dans la direction opposée à la trajectoire de la fusée. La difficulté suivante est que, pour mettre en mouvement une grande fusée, la masse de gaz nécessaire est du même ordre que le poids de la fusée elle-même, de sorte qu'il est difficile d'imaginer comment la fusée pourrait contenir suffisamment de matière pour maintenir sa propulsion

---

[3] Expérience de pensée imaginée par James Clark Maxwell qui pose l'hypothèse d'une réversibilité des phénomènes physiques sans nouvelle dépense d'énergie contrairement à ce qu'énonce la loi d'entropie.

pendant toute la durée nécessaire. Lorsque la radio-transmission de l'énergie sera effectuée, la moitié de la difficulté sera supprimée et la projection pourra très bien s'effectuer finalement au moyen de rayons positifs à haut potentiel. Il se peut que le problème du voyage dans l'espace et le transfert éthéré d'énergie aient déjà été résolus par les ondes magnétofuges du professeur Japolsky. Il s'agit d'un type d'anneau de vortex magnétique, propagé dans l'espace, qui, au lieu de s'étendre comme des ondes électromagnétiques ordinaires, reste concentré le long de l'axe de propagation. Hormis son mode de propulsion, la construction du vaisseau spatial offre peu de difficulté puisqu'il s'agit essentiellement du même problème que celui du sous-marin. Naturellement, les premiers vaisseaux spatiaux seront extrêmement exigus et inconfortables, mais ils ne seront pilotés que par des passionnés. Le problème d'atterrir sur n'importe quelle autre planète ou de revenir sur terre est beaucoup plus difficile, principalement parce qu'il nécessite un bon contrôle de l'accélération. Il est probable que les premiers voyages seront purement exploratoires, sans atterrissage, et les voyageurs, s'ils reviennent sur terre, devront abandonner leur machine et descendre en parachute.

Quoi qu'il en soit, le premier départ de la terre nous fournira les moyens de parcourir l'espace avec une vitesse considérable et, par conséquent, la possibilité de produire et de diriger des appareils à grande vélocité, même si l'accélération ne peut être maintenue que peu de temps.

Le Monde, la Chair et le Diable

Si le problème de l'utilisation de l'énergie solaire a été résolu à ce moment-là, le mouvement de ces vaisseaux spatiaux peut être maintenu indéfiniment. À défaut, une forme de navigation spatiale qui utiliserait l'effet répulsif des rayons solaires au lieu du vent pourrait être développée. Un vaisseau spatial, déployant ses grandes ailes métalliques d'une superficie d'une acre au maximum, pourrait être envoyé jusqu'à la limite de l'orbite de Neptune. Puis, pour augmenter sa vitesse, il virait de bord, au plus près, dans le champ gravitationnel, déployant à nouveau toutes voiles alors qu'il dépasse le soleil.

Jusqu'à présent, ceux qui ont considéré la navigation spatiale l'ont fait du point de vue de l'exploration et de la visite planétaire, mais la grande importance d'échapper au champ gravitationnel de la terre a été presque entièrement négligée. Sur terre, même si nous devions utiliser toute l'énergie solaire dont nous disposons, nous devrions quand même tout gaspiller excepté un demi milliardième de cette énergie. Par conséquent, lorsque nous aurons appris à vivre de cette énergie solaire et aussi à nous émanciper de la surface terrestre, les possibilités de propagation de l'humanité seront multipliées. Nous pouvons imaginer que cela se produise par étapes définies. Lorsque les aspects techniques de la navigation spatiale seront pleinement compris, viendra, par désir ou par nécessité, l'idée de construire une maison[4] permanente

---

[4]Nous traduisons ici « *home* » par « *maison* » sans pouvoir rendre compte de toute la subtilité du sens du mot anglais.

pour les hommes dans l'espace. La facilité de la navigation proprement dite dans l'espace ainsi que les difficultés de décollage ou d'atterrissage sur des planètes comme la terre avec des champs gravitationnels considérables conduiront en premier lieu à la nécessité de construire de bases de réparation et de ravitaillement n'impliquant pas ces difficultés. Un vaisseau spatial endommagé, par exemple, serait presque nécessairement détruit lors d'une tentative d'atterrissage sur terre. Au début, les navigateurs spatiaux, puis les scientifiques dont les observations seraient mieux menées en dehors de la terre, et enfin ceux qui, pour une raison quelconque, étaient insatisfaits des conditions terrestres viendraient habiter ces bases et fonderaient des colonies spatiales permanentes. Même avec nos connaissances primitives actuelles, nous pouvons planifier une telle station céleste avec beaucoup de détails.

Imaginez une coquille sphérique d'environ dix *miles*[5] de diamètre, faite des matériaux les plus légers et principalement creuse. À cet effet, les nouveaux matériaux moléculaires conviendraient admirablement. En raison de l'absence de gravitation, sa construction serait une prouesse technique d'une certaine ampleur. La source du matériau à partir duquel cette coquille serait fabriquée ne serait qu'en petite partie tirée de la terre, car la majeure partie de la structure serait constituée de la substance d'un ou de plusieurs des plus petits astéroïdes, des

---

[5]Environ 16 kilomètres.

anneaux de Saturne ou d'autres débris planétaires naturels. Les premières étapes de la construction sont les plus difficiles à imaginer. Elles consisteront probablement à attacher un astéroïde d'une centaine d'années et donc d'une centaine de *miles*[6] de diamètre à un vaisseau spatial, à le creuser et à utiliser les matériaux extraits pour construire la première coque de protection. Ensuite, la coquille pourrait être retravaillée, petit à petit, en utilisant des substances plus élaborées et plus appropriées et, en diminuant son épaisseur elle augmenterait en même temps sa taille. Le globe remplirait toutes les fonctions par lesquelles notre terre parvient à supporter la vie. À défaut d'un champ gravitationnel, il doit nécessairement conserver son atmosphère et la plus grande partie de sa vie à l'intérieur, mais comme toute son alimentation vient sous forme d'énergie à travers sa surface extérieure, elle serait forcée de ressembler dans l'ensemble à une plante unicellulaire extrêmement complexe.

La couche la plus externe aurait un caractère protecteur et assimilateur. La présence de matière météorique dans le système solaire se déplaçant à grande vitesse sur des orbites excentriques serait le danger le plus redoutable pour les voyages et l'habitation dans l'espace. Certains essaims de météorites pourraient être totalement évités en se tenant à l'écart de leur trajectoire. Des météorites plus grosses pourraient être détectées à distance par observation visuelle ou par l'effet de leurs champs

---

[6]Environ 161 kilomètres.

gravitationnels. Celles-ci pourraient être évitées en changeant la trajectoire du globe ou en déviant les météorites en leur tirant dessus avec des projectiles à grande vitesse. Des météorites plus petites seraient impossibles à éviter. La coquille du globe devrait alors être rendue suffisamment solide pour ne pas être pénétrée ou fissurée par elles, et devrait posséder des mécanismes de régénération pour réparer les dommages superficiels. Peut-être que la fonction que notre atmosphère remplit pour la terre pourrait être imitée par des jets de gaz ou d'électrons à grande vitesse qui, projetés sur des météorites, les vaporiseraient et les empêcheraient ainsi de faire des dégâts. En même temps, la matière météorique pourrait être la principale source de la matière nécessaire à la croissance ou à la propulsion du globe si une méthode pour l'assimiler pouvait être trouvée.

L'enveloppe extérieure serait dure, transparente et fine. Sa principale fonction serait d'empêcher l'échappement des gaz à l'intérieur, de préserver la rigidité de la structure et de permettre le libre accès de l'énergie rayonnante. Immédiatement sous cet épiderme, se trouverait l'appareil pour utiliser cette énergie soit sous la forme d'un réseau transportant un fluide semblable à la chlorophylle capable de re-synthétiser les corps glucidiques à partir du dioxyde de carbone, soit un dispositif purement électrique pour l'absorption de l'énergie rayonnante. Dans ce dernier cas, le globe serait très certainement pourvu de vastes ailes ténues et membraneuses qui augmenteraient sa zone d'utilisation de la lumière solaire. La circulation sous-cutanée aurait également pour fonction nécessaire de dissiper la chaleur superflue dans un rayonnement d'une température aussi basse que possible. Sous cette couche, se trouveraient probablement les principales réserves du globe sous la forme de couches d'oxygène solide, de glace et de carbone ou d'hydrocarbures. À l'intérieur de ces couches, qui pourraient avoir une épaisseur d'un quart de *mile*[7], se trouveraient le dispositif de contrôle du globe. Ce dispositif maintiendrait d'abord le métabolisme général, c'est-à-dire qu'il régulerait l'atmosphère et le climat tant dans leur composition que dans leurs mouvements. Il élaborerait les produits alimentaires nécessaires et distribuerait l'énergie mécanique là où elle était nécessaire. Il s'occuperait également de tous les déchets, les reconvertissant en l'utilisant de l'énergie sous une forme consommable, car il faut se rappeler que le globe remplace la terre entière et non d'une partie de celle-ci seulement. Et dans la terre, rien ne peut se permettre d'être définitivement gaspillé. Dans cette couche seraient aussi les ateliers et les laboratoires concernés par l'amélioration du globe et les arrangements pour sa croissance.

À l'intérieur de la couche mécanique, se trouverait la région vivante et ici, la tâche de l'imagination est plus difficile. Il ne serait, bien sûr, pas nécessaire d'avoir des

---

[7]Environ 402 mètres.

maisons ou des chambres comme celles que nous les avons sur la terre. L'absence d'intempéries et de gravitation rend superflue la plupart des usages que nous avons des maisons. Peut-être pouvons-nous supposer sans risque qu'un certain nombre de cellules fermées par des cloisons minces, mais insonorisées seraient nécessaires pour des travaux nécessitant une isolation particulière, mais la majeure partie de la vie des habitants du globe se passerait dans l'espace libre qui occuperait la plus grande partie du centre du globe.

Ce mode de vie tridimensionnel et sans gravitation est très difficile à imaginer pour nous, mais il n'y a aucune raison de supposer que nous ne nous y adapterions pas finalement. Nous devrions être libérés de la manière dont nous sommes entraînés à la surface de la terre toute notre vie : la moindre poussée contre un objet relativement rigide nous enverrait à des mètres ; un bon saut - et nous devrions tourner d'un bout à l'autre du globe. Il y aura la résistance à l'air bien sûr, comme c'est le cas sur terre, mais elle pourrait être mise à profit par l'utilisation d'ailes courtes. Les objets deviendraient dotés d'une légèreté particulière. Il faudrait imaginer des moyens de les maintenir en place autrement qu'en les déposant. Les liquides et les poudres causeraient au départ de grandes complications. Une tentative de poser une tasse de thé entraînerait la descente de la tasse et le thé resterait sous forme de globule vibrant dans l'air. La poussière serait une nuisance insupportable et devrait être supprimée, car même l'humidifier ne la ferait jamais se déposer. Nous devrions trouver à la fin que toutes ces choses étaient de grandes commodités, mais au début elles seraient extrêmement gênantes. Les possibilités de vie en trois dimensions rendraient les globes beaucoup plus spacieux que leur taille ne le suggère. L'intérieur d'un globe de huit *miles*[8] de diamètre contiendrait autant d'espace effectif qu'une campagne de cent cinquante *miles* carrés[9], même si l'on accordait une bonne dose d'air, disons à cinquante pieds au-dessus du sol.

L'activité du globe n'est, bien entendu, nullement confinée à son intérieur. En premier lieu, il aurait nécessairement un certain nombre de senseurs et moteurs effectifs. Les premiers consisteraient essentiellement en un observatoire qui enregistrerait en permanence la position du globe et, en même temps, surveillerait les corps météoriques de taille perceptible qui pourraient l'endommager. Dans l'ensemble, le globe ne serait pas conçu pour voyager. Il se déplacerait sur une orbite autour du soleil sans aucune dépense d'énergie, mais occasionnellement, il pourrait être nécessaire de déplacer sa position orbitale vers une position plus avantageuse, et pour cela, il faudrait un petit moteur de type fusée.

Pourtant, le globe ne serait, en aucun cas, isolé. Il serait en communication continue par radio avec d'autres globes et avec la terre, et cette communication inclurait la transmission de toutes sortes de messages sensoriels que

---

[8]Environ 13 kilomètres.
[9]Environ 388 kilomètres carrés

nous avons actuellement acquis ainsi que ceux dont nous pourrions avoir besoin à l'avenir. Des vaisseaux interplanétaires assureraient le transport des hommes et du matériel, et veilleraient à ce que les colonies ne soient pas des unités isolées.

Cependant, l'activité positive essentielle du globe ou de la colonie serait dans le développement, la croissance et la reproduction du globe. Un globe qui ne serait qu'un moyen satisfaisant de continuer indéfiniment la vie ne serait guère plus qu'une reproduction des conditions terrestres dans une sphère plus restreinte. Mais la nécessité de préserver la coquille extérieure empêcherait une altération continue de sa structure, et le développement devrait procéder soit comme celui d'un crustacé, et un nouveau et meilleur globe pourrait être assemblé à l'intérieur du plus grand, qui pourrait ensuite être brisé ouvert et réabsorbé, ou, comme dans chez les mollusques, par la construction de nouvelles sections en forme de spirale, ou, plus probablement, en conservant la forme plus simple encore de comportement du protozoaire par la construction d'un nouveau globe en dehors du globe primitif, mais en contact avec lui jusqu'à ce qu'il soit en mesure d'établir une existence indépendante.

Jusqu'ici, nous avons considéré la construction et le dispositif du globe plutôt que ses habitants. Les habitants peuvent être divisés en personnel ou équipage, et citoyens ou passagers. Concernant le rôle des premiers, nous n'avons pas à nous inquiéter, sauf que leurs tâches seraient plus compliquées et plus scientifiques que celles qui incombent aux officiers et à l'équipage d'un navire moderne. Pour les autres, le globe apparaîtrait à la fois comme des hôtels et des laboratoires. La population de chaque globe ne serait nullement fixe et des échanges constants auraient lieu entre eux et la terre même lorsque la plus grande partie des êtres humains habitaient en fait des globes. Il n'y aurait probablement pas plus besoin de gouvernement que dans un hôtel moderne : il y aurait quelques restrictions concernant la sécurité du navire et ce serait tout.

On pourrait critiquer le fait que la vie sur un globe, disons de vingt ou trente mille habitants, serait extrêmement ennuyeuse, et que la diversité de scènes, d'animaux et de plantes et d'associations historiques qui existent même dans le pays le plus petit et le plus isolé de la terre, manquerait. Cette critique est valable dans l'hypothèse de départ que les hommes n'ont en rien changé. Ici, pour rendre plausible la vie du globe, nous devons anticiper les derniers chapitres et supposer que les intérêts et les occupations des hommes ont changé. Déjà, le scientifique est plus immergé dans son travail et se concentre davantage sur les relations avec ses collègues que sur la vie immédiate de son quartier. D'autre part, les tendances esthétiques actuelles tendent vers l'abstrait et ne demandent pas tant l'inspiration de la nature vierge. Ce qui a fait apparaître dans le passé une petite ville ou un petit pays comme une sphère d'intérêt étroite, c'est d'une part son isolement, et d'autre part le fait que la majorité de ses habitants sont à un niveau de culture si bas que pour empêcher tout échange intellectuel considérable à l'intérieur de ses frontières. Aucune limitation n'est valable pour les globes, et le cas de l'Athènes antique suffit à montrer que la petite taille seule n'empêche pas l'activité culturelle. Les communications libres et les associations volontaires d'intéressés seront la règle, et pour ceux dont l'intérêt premier est la nature primitive, il restera toujours la terre qui, libérée de la nécessité économique de produire de grandes quantités de produits agricoles, pourrait être autorisée à revenir à un état beaucoup plus naturel.

À mesure que les globes se multiplieraient, ils se développeraient sans doute très différemment selon leur construction et les tendances de leurs colons, et en même temps, ils rivaliseraient de plus en plus à la fois pour la lumière solaire qui les maintenait en vie et pour la matière astéroïde et météorique qui leur permettait de grandir. Tôt ou tard, cette pression, ou peut-être la connaissance de la défaillance imminente du soleil, forcerait une colonie plus aventureuse à partir au-delà des limites du système solaire. La difficulté de faire ce saut est probablement aussi grande que celle de quitter la terre elle-même. Les distances interstellaires sont si grandes que des vitesses élevées, se rapprochant de celles de la lumière, seraient nécessaires, et bien que des vitesses élevées soient faciles à atteindre, (il s'agit simplement de laisser l'accélération s'accumuler) elles exposeraient les vaisseaux spatiaux à de très sérieux dangers, en particulier de la part de corps météoriques dispersés. Un vaisseau spatial devrait, en fait, être une comète, éjectant de son extrémité antérieure un flux de gaz qui, rencontrant et vaporisant toute matière sur son passage, l'entraînerait sur les côtés et en arrière dans une traînée lumineuse. Une telle méthode serait très gaspilleuse de matière, et on pourrait peut-être compter sur une meilleure ayant été conçue à cette époque. Même avec de telles vitesses, les voyages devraient durer des centaines et des milliers d'années, et il faudrait - si l'homme reste ce qu'il est - que des colonies d'ancêtres se mettent en place qui pourraient s'attendre à l'arrivée de descendants lointains. Cela exigerait un sacrifice de soi et une perfection de la méthode éducative que nous pourrions difficilement exiger à l'heure actuelle. Cependant, une fois acclimaté à la vie dans l'espace, il est peu probable que l'homme s'arrête avant d'avoir parcouru et colonisé la majeure partie de l'univers sidéral, ou même que ce soit la fin. L'homme ne se contentera finalement pas d'être un parasite des astres, mais les envahira et les organisera à ses propres fins.

Une étoile est essentiellement un immense réservoir d'énergie qui se dissipe aussi rapidement que sa masse le permet. Il se peut que, dans l'avenir, l'homme n'ait plus besoin d'énergie et soit indifférent aux étoiles, sauf pour admirer leur spectacle, mais si (et cela semble plus probable) l'énergie est encore nécessaire, les étoiles ne peuvent pas continuer à vivre selon leur ancienne façon, mais seront transformés en moteurs thermiques efficients. La deuxième loi de la thermodynamique[10] qui, comme Jeans se plaît à nous le faire remarquer, finira par mener cet univers à une fin peu glorieuse, restera peut-être toujours le facteur final. Mais par une organisation intelligente, la vie de l'univers pourrait probablement prolonger cette dernière de plusieurs millions de millions de fois ce qu'elle serait sans organisation. De plus, nous sommes encore trop proches de la naissance de l'univers pour être certains de sa mort. En tout cas, bien avant que ces questions ne deviennent urgentes, il semblerait impossible de ne pas supposer que l'homme lui-même aurait radicalement changé dans cet environnement et la nature de ce changement doit être examinée dans le chapitre suivant.

---

[10]Le deuxième loi de thermodynamique introduite pour la première fois par Sadi Carnot (1837-1894) établit l'irréversibilité des phénomènes physique et les soumet au principe d'entropie.

Le Monde, la Chair et le Diable

Le Monde, la Chair et le Diable

III. La Chair

Dans son altération propre, l'homme a beaucoup plus à faire que dans l'altération de son milieu inorganique. Depuis qu'il est devenu parasite de son environnement comme tout autre animal, il fait cela plus ou moins inconsciemment et empiriquement depuis plusieurs milliers d'années, et consciemment et intelligemment depuis au moins des centaines d'années. Cela alors même qu'il n'a pas du tout pu se changer et qu'il n'a eu qu'une cinquantaine d'années pour commencer à comprendre comment il fonctionne. Bien sûr, ce n'est pas strictement vrai : l'homme s'est altéré dans le processus évolutif, il a perdu beaucoup de cheveux, ses dents de sagesse ne parviennent pas à percer et ses voies nasales sont de plus en plus dégénérées. Mais les processus d'évolution naturelle sont tellement plus lents que le développement du contrôle de l'homme sur l'environnement que nous pourrions, dans un tel monde en développement, considérer encore le corps de l'homme comme constant et immuable. S'il ne doit pas en être ainsi, l'homme lui-même doit interférer activement dans la fabrication de son corps et interférer d'une manière hautement contre-nature. Les eugénistes et les apôtres d'une vie saine peuvent, dans un laps de temps considérable, réaliser toutes les potentialités de l'espèce : nous pouvons compter sur des hommes et des femmes beaux, sains et vivaces, mais ils ne pourront pas altérer l'espèce. Pour ce faire, nous devons modifier soit le germoplasme, soit la structure vivante du corps, soit les deux ensemble. La première méthode - la préférée de M. J. B. S. Haldane[11] - a jusqu'à présent reçu le plus d'attention. Avec lui, nous pourrions atteindre une variation telle que nous l'avons produite empiriquement chez les chiens et les poissons rouges, ou peut-être même réussir à produire de nouvelles espèces avec des potentialités spéciales. Mais la méthode est forcément lente et finalement limitée par les possibilités de la chair et du sang. Le plasma germinatif est une unité très inaccessible, avant de pouvoir le traiter de manière adéquate, nous devons l'isoler, et cela nous implique déjà dans la chirurgie. Il est tout à fait concevable que le mécanisme de l'évolution, tel que nous le connaissons jusqu'à présent, puisse être dépassé à ce stade. Même s'ils ne sont pas vitalistes, les biologistes sont portés, à considérer l'évolution comme presque divine. Mais après tout, ce n'est que la manière dont la nature parvient à un équilibre mouvant avec un environnement. Et si nous pouvons trouver une voie plus directe en usant de notre intelligence alors cette voie sera destinée à supplanter le mécanisme inconscient de la croissance et de la reproduction.

---

[11]John Burdon Sanderson Haldane (1892-1964) est un généticien britannique, philosophiquement assez proche du transhumanisme.

Le Monde, la Chair et le Diable

Dans un sens, nous avons déjà commencé à utiliser la méthode directe, lorsque notre ancêtre le singe a utilisé une pierre pour la première fois, il modifiait alors sa structure corporelle par l'inclusion d'une substance étrangère. Cette inclusion était temporaire, mais avec l'adoption des vêtements commença une série d'ajouts permanents au corps, affectant presque toutes ses fonctions, et même ses organes sensoriels, à l'aide des lunettes par exemple. Dans le monde moderne, la variété des objets qui font réellement partie d'un corps humain effectif est très grande. Pourtant, ils ont tous encore la qualité d'être en dehors des couches cellulaires du corps humain, si l'on excepte des raretés telles que les larynx artificiels. Le pas décisif viendra quand on ancrera le corps étranger dans la structure même de la matière vivante. Parallèlement à ce développement, nous pouvons constater une autre altération du corps : celle qui altère ses réactions chimiques. C'est, là encore, un processus très ancien, mais plutôt sporadique, auquel on recourt pour guérir une maladie ou soulager une intoxication. Mais avec le développement de la chirurgie d'une part et de la chimie physiologique d'autre part, la possibilité d'une altération radicale du corps nous apparaît possible pour la première fois. Ici, nous pouvons, non pas laisser l'évolution opérer les changements, mais copier et court-circuiter ses méthodes.

Les changements que l'évolution produit, outre la simple croissance de taille ou la diversité de forme sans changement de fonction, sont de l'ordre des perversions : une partie de l'intestin du poisson devient une vessie natatoire, la vessie natatoire devient un poumon, une glande salivaire et un œil supplémentaire sont chargés de la fonction de production d'hormones. Sous la pression de l'environnement ou de quoi que ce soit d'autre qui soit à l'origine de l'évolution, la nature s'empare de ce qui existait déjà en vue d'une activité maintenant dépassée et, avec un minimum de modifications, lui donne une nouvelle fonction. Il n'y a rien d'essentiellement mystérieux dans le processus : c'est à la fois la voie la plus simple et la seule possible pour réaliser le changement. Commencer *de novo* pour faire face à une nouvelle situation n'est pas à la portée des processus naturels et inintelligents. Ils ne peuvent modifier que de manière limitée des structures déjà existantes en altérant leur environnement chimique. Les hommes peuvent bien copier le processus, dans la mesure où les structures originales sont utilisées comme une base pour de nouvelles structures, simplement parce que c'est la méthode la plus économique, mais ils ne sont pas cantonnés à la gamme très limitée de méthodes de changement que la nature adopte.

Aujourd'hui, les découvertes mécaniques et chimiques modernes ont rendu les fonctions squelettiques et métaboliques du corps, dans une large mesure, inutiles. En biochimie téléologique, on pourrait dire qu'un animal bouge ses membres pour obtenir sa nourriture et utilise les organes de son corps pour transformer cette nourriture en sang afin de maintenir son corps en vie et actif. Maintenant, si l'homme n'est qu'un animal, tout cela est très satisfaisant, mais vu du point de vue de l'activité mentale qui régit de plus en plus sa vie, c'est une manière très inefficace de faire fonctionner son esprit. Chez un travailleur civilisé, les membres ne sont que des parasites, exigeant les neuf dixièmes de l'énergie de la nourriture, et même une sorte de chantage dans l'exercice dont ils ont besoin pour prévenir la maladie, tandis que les organes du corps s'épuisent à subvenir à leurs besoins. D'autre part, la complexité croissante de l'existence de l'homme, notamment la capacité mentale requise pour faire face à ses complications mécaniques et physiques, fait naître le besoin d'une organisation sensorielle et motrice beaucoup plus complexe, et plus fondamentalement encore d'une meilleure organisation des mécanismes cérébraux. Tôt ou tard, il faudra donner aux parties inutiles du corps des fonctions plus modernes ou s'en passer complètement, et à leur place, il faudra incorporer dans le corps effectif les mécanismes des nouvelles fonctions. La chirurgie et la biochimie sont des sciences encore trop jeunes pour prédire exactement comment cela va se passer. Le récit que je vais faire doit plutôt être pris comme une fable.

Prenons, pour point de départ, l'homme parfait que les médecins, les eugénistes et les hygiénistes entre eux espèrent faire de l'humanité. Un homme vivant peut-être cent vingt ans en moyenne, mais toujours mortel, et ressentant de plus en plus le fardeau de cette mortalité. Déjà, Shaw, à sa manière mystique, exige que la vie nous donne des centaines d'années pour expérimenter, apprendre et comprendre. Mais sans la foi du vitaliste dans l'efficacité de la volonté humaine, nous devrons recourir à quelques artifices pour atteindre ce but. Tôt ou tard, un physiologiste éminent aura le cou brisé dans un accident super-civilisé ou trouvera les cellules de son corps usées au-delà de leur capacité de réparation. Il sera alors contraint de décider d'abandonner son corps ou sa vie. Après tout, c'est le cerveau qui compte, et avoir un cerveau imprégné de sang frais et correctement prescrit, c'est être vivant - penser. L'expérience n'est pas impossible : elle a déjà été pratiquée sur un chien et on est aux trois quarts du chemin pour y parvenir sur un sujet humain. Mais seul un philosophe brahmane se soucierait d'exister en tant que cerveau isolé, perpétuellement centré sur ses propres méditations. Couper définitivement toutes les communications avec le monde équivaut à être mort. Cependant, les canaux de communication sont à portée de main. Nous connaissons déjà la nature électrique essentielle des impulsions nerveuses. Il s'agit d'une opération chirurgicale délicate pour attacher définitivement des nerfs à des appareils qui vont soit leur envoyer des messages, soit en recevoir. Le cerveau ainsi connecté continue une existence, purement mentale et avec des délices très différents de ceux du corps, mais certainement préférable à l'extinction complète. L'exemple était peut-être trop tiré par les cheveux. Peut-être que le même résultat peut être obtenu beaucoup plus graduellement en utilisant les nombreux nerfs superflus dont notre corps est doté pour divers services auxiliaires et moteurs. Nous avons cruellement besoin d'un petit organe sensoriel pour détecter les fréquences sans fil, d'yeux capables de voir les infrarouges, les ultraviolets et les rayons X, d'oreilles capables d'entendre les sons supersoniques, de détecteurs de hautes et basses températures, de potentiel et de courants électriques, et d'organes chimiques de toutes sortes. Nous pourrons peut-être entraîner un grand nombre de nerfs récepteurs du chaud, du froid et de la douleur à prendre en charge ces fonctions. Du côté moteur, nous serons bientôt obligés, si nous ne le sommes pas déjà, de commander des appareils pour lesquels deux mains et deux pieds sont en nombre tout à fait insuffisant. Et, au-delà de cela, la direction des appareils par pure volonté simplifierait énormément leur fonctionnement. Lorsque le mécanisme moteur n'est pas principalement électrique, il peut être plus simple et plus efficace d'utiliser des préparations nerf-muscle au lieu de connexions nerveuses directes. Même les nerfs de la douleur peuvent être utilisés pour signaler toute défaillance du mécanisme associé. Une étape mécanique, utilisant certaines ou toutes ces altérations de la forme corporelle pourrait devenir l'apogée de la vie ordinaire, si les expériences initiales réussissaient à nous conduire vers une existence tolérable. Qu'il ne pourrait jamais en être ainsi pour l'ensemble de la population, nous en discuterons plus tard, mais pour le moment, nous pouvons essayer d'imaginer ce que serait, à cette époque le cours, de l'existence d'un être humain transformable.

En commençant, comme M. J. B. S. Haldane[12] le prédit de manière si convaincante, dans une usine ectogénétique, l'homme aura de soixante à cent vingt ans d'existence larvaire, non spécialisée - sûrement assez pour satisfaire les partisans d'une vie naturelle. À ce stade, il n'a pas besoin d'être tourmenté par l'âge de la science et du mécanisme, mais peut occuper son temps (sans avoir conscience de le perdre) dans la danse, la poésie et l'amour, et peut-être accessoirement participer à l'activité reproductive. Alors il quittera le corps dont il aurait dû suffisamment explorer les potentialités.

L'étape suivante pourrait être comparée à celle d'une chrysalide : un processus compliqué et plutôt désagréable de transformation des organes déjà existants et de greffe sur tous les nouveaux mécanismes sensoriels et moteurs. Suivrait une période de rééducation au cours de laquelle il apprendrait à comprendre le fonctionnement de ses nouveaux organes sensoriels et à pratiquer la manipulation de son nouveau mécanisme moteur. Enfin, il émergerait comme un dispositif complètement efficient,

---

[12]Haldane est notamment à l'origine du concept d'ectogenèse qui doit permettre la gestation de l'embryon puis du fœtus humain dans un utérus artificiel.

dirigé mentalement, et entreprendrait les tâches appropriées à ses nouvelles capacités. Mais ce n'est en aucun cas la fin de son développement, même si cela marque sa dernière grande métamorphose. En dehors de son développement mental que ses facultés accrues exigeront, l'homme sera physiquement plastique d'une manière qui transcende tout à fait les capacités de l'humanité non transformée. S'il a besoin d'un nouvel organe sensoriel ou d'un nouveau mécanisme à opérer, il aura des connexions nerveuses indifférenciées à y rattacher, et pourra étendre indéfiniment ses sensations et actions possibles en utilisant successivement des organes terminaux différents.

La réalisation de ces opérations chirurgicales et physiologiques compliquées serait entre les mains d'un corps médical qui ne manquera pas de passer rapidement sous le contrôle d'hommes transformés. Les opérations elles-mêmes seraient probablement conduites par des appareils contrôlés par les chefs transformés de la profession, bien qu'aux stades antérieurs et expérimentaux, bien sûr, elles seraient encore effectuées par des chirurgiens et des physiologistes humains.

Il est beaucoup plus difficile de se faire une image de l'état final, d'une part parce que cet état final serait fluide et susceptible de s'améliorer, et d'autre part parce qu'il n'y aurait aucune raison pour que tous les gens se transforment de la même manière. Un grand nombre de formes typiques seraient probablement développées, chacune spécialisée dans certaines directions. Si l'on s'en tient à ce qu'on pourrait appeler le premier stade de l'humanité mécanisée et à une personne mécanisée à des fins scientifiques plutôt qu'esthétiques (car pour prédire même les formes que les hommes adopteraient s'ils voulaient faire d'eux-mêmes une harmonie de forme et de sensation, il faut se placer au-delà de l'imagination) alors la description pourrait fonctionner à peu près comme suit.

À la place de la structure corporelle actuelle, nous devrions être charpentés d'un matériau très rigide, probablement pas du métal, mais une des nouvelles substances fibreuses. Dans la forme, il pourrait bien s'agir d'un cylindre plutôt court. À l'intérieur du cylindre, et soutenu très soigneusement pour éviter les chocs, se trouve le cerveau avec ses connexions nerveuses, immergé dans un liquide de la nature du liquide céphalo-rachidien, maintenu en circulation à une température uniforme. Le cerveau et les cellules nerveuses sont alimentés en sang frais oxygéné et drainé du sang désoxygéné par leurs artères et leurs veines qui se connectent à l'extérieur du cylindre au système digestif cœur-poumon artificiel. Ce dernier doit être un dispositif complexe et automatique. Celui-ci pourrait en grande partie être fabriqué à partir d'organes vivants, bien que ceux-ci devraient être soigneusement disposés afin qu'aucune défaillance de leur part ne mette en danger l'apport sanguin au cerveau (seulement une fraction des besoins actuels du corps) et afin qu'ils puissent être interchangés et réparés sans perturber ses fonctions. Le cerveau, ainsi assuré d'un éveil continu, est relié dans l'intérieur du boîtier à ses organes sensoriels immédiats, l'œil et l'oreille - qui conserveront probablement longtemps cette connexion. Les yeux regarderont dans une sorte de boîtier optique qui leur permettra de regarder alternativement des périscopes disponibles hors du boîtier, des télescopes, des microscopes et toute une gamme d'appareils télévisuels. L'oreille sera toujours attachée aux fonctions microphoniques qui lui correspondent et serait toujours l'organe principal en vue de la réception sans fil. Les organes de l'odorat et du goût, au contraire, seraient prolongés par connexions extérieures au boîtier et se transformeraient en organes chimiques du goût, ayant un rôle davantage intellectuel et moins purement émotionnel qu'ils n'en ont actuellement. Cela est peut-être impossible en raison de la relation particulièrement étroite entre le cerveau et les organes olfactifs, auquel cas le sens chimique devrait être indirect. Les nerfs sensoriels restants, ceux du toucher, de la température, de la position musculaire et du fonctionnement viscéral, iraient à la partie correspondante de la machinerie extérieure ou aux organes sanguins. Attachés au cylindre cérébral seraient ses organes moteurs immédiats correspondants, mais beaucoup plus complexes que notre bouche, notre langue et nos mains. Ce système d'appendices serait probablement construit comme celui d'un crustacé qui utilise le même appendice général pour l'antenne, la mâchoire et le membre. Et ils seraient de délicats micro-manipulateurs à des leviers capables d'exercer des forces considérables, le tout contrôlé par les nerfs moteurs appropriés. Les organes producteurs de sons, de couleurs et seraient également étroitement associés au cerveau sans l'aide de fils. En plus de ceux-ci, il y aurait certains organes d'un type que nous ne possédons pas actuellement - les organes auto-réparateurs - qui, sous le contrôle du cerveau, seraient capables de manipuler les autres organes, en particulier les organes viscéraux d'approvisionnement en sang, et de les maintenir en bon état de fonctionnement. Les dérangements graves, tels que ceux impliquant une perte de conscience, appelleraient toujours, bien sûr, une aide extérieure, mais avec des soins appropriés, ce serait des accidents d'une nature extrêmement rare.

Les organes restants auraient une connexion temporaire avec le cerveau. Il y aurait des appareils locomoteurs de différentes natures, qui pourraient être utilisés alternativement pour des déplacements lents, équivalents à la marche, pour des déplacements rapides et pour le vol. Dans l'ensemble, cependant, les organes locomoteurs seraient peu sollicités, car l'extension des organes sensoriels tendrait à les remplacer. La plupart d'entre eux seraient de simples mécanismes tout à fait indépendants du corps. Il y aurait les parties émettrices de l'appareil de télé-vision, les organes télé-acoustiques et télé-chimiques, et les organes télé-sensoriels de la nature du toucher pour déterminer toutes les formes et les textures. En plus de ceux-ci, il y aurait divers organes télé-moteurs pour manipuler des matériaux à de grandes distances de l'esprit qui les contrôle. Ces organes étendus n'appartiendraient que dans un sens large à une personne en particulier, ou plutôt, ils n'appartiendraient que temporairement à la personne qui les utilise et pourraient, de manière équivalente, être actionnés par d'autres personnes. Cette capacité d'extension indéfinie pourrait finalement conduire à la relative fixité des différents cerveaux, et ce serait, en soi, un avantage du point de vue de la sécurité et de l'uniformité des conditions, si seuls quelques-uns des plus actifs peuvent estimer nécessaire d'être sur place pour observer et faire les choses.

Cet homme nouveau doit apparaître à ceux qui ne l'ont pas contemplé auparavant comme une créature étrange, monstrueuse et inhumaine, mais il n'est que l'aboutissement logique du type d'humanité qui existe actuellement. On peut soutenir que cette altération des mécanismes corporels est aussi inutile que difficile, que toute l'augmentation de contrôle nécessaire peut être obtenue par des mécanismes extrêmement réactifs en dehors du corps humain qui resterait alors inchangé. Mais bien qu'il soit possible qu'au début, un homme transformé chirurgicalement soit désavantagé, en capacité et en performance, par rapport à un homme normal et en bonne santé, il serait toujours mieux loti qu'un homme mort. Bien qu'il soit possible que l'homme ait encore beaucoup à faire avant que sa constitution physiologique et psychologique inhérente ne devienne le facteur limitant de son développement, cela doit arriver tôt ou tard, et c'est alors que l'homme mécanisé commencera à montrer un avantage certain. L'homme normal est une impasse évolutive. L'homme mécanique est, en apparence, une rupture dans l'évolution organique, mais il s'inscrit dans la vraie tradition d'une évolution ultérieure.

Une rupture beaucoup plus fondamentale est tenue implicite dans les moyens utilisés par l'homme en vue de son développement. Si une méthode a été trouvée pour connecter un nerf se terminant dans un cerveau directement avec un réacteur électrique, alors la voie est ouverte pour le connecter avec une cellule cérébrale d'une autre personne. Une telle liaison, étant bien entendu, essentiellement électrique, pourrait s'effectuer aussi bien par l'éther que par des fils. Au début, cela se limiterait au transfert de pensée plus parfait et plus économique qui serait nécessaire dans la pensée coopérative de l'avenir. Mais cela ne peut pas s'arrêter ici. Les connexions entre deux ou plusieurs esprits auraient tendance à devenir une condition de plus en plus permanente jusqu'à ce qu'ils fonctionnent comme un organisme double ou multiple. Les esprits conserveraient toujours une certaine individualité, le réseau de cellules à l'intérieur d'un même cerveau étant plus dense que celui existant entre les cerveaux, chaque cerveau étant principalement occupé de son développement mental individuel et ne communiquant avec les autres que dans un but commun. Une fois qu'un cerveau composé, plus ou moins permanent, aurait vu le jour, deux des limitations inéluctables de l'existence actuelle seraient surmontées. D'abord, la mort prendrait un aspect différent et beaucoup moins terrible. La mort existerait encore pour le dispositif dirigé par l'esprit que nous venons de décrire. Elle serait simplement reportée de trois cents ou peut-être mille ans, tant que les cellules cérébrales pourraient être persuadées de vivre dans l'environnement le plus favorable, mais pas éternellement. Mais l'individu multiple serait, à moins d'accidents cataclysmiques, immortel, le composant le plus ancien à mesure qu'il mourait étant remplacé par le plus récent sans perdre la continuité du moi, les souvenirs et les sentiments du membre le plus âgé se transférant presque entièrement au capital commun avant sa mort. Et si cela ne semble être qu'une manière de tromper la mort, nous devons réaliser que le cerveau individuel se sentira partie intégrante du tout d'une manière qui transcende complètement la dévotion de l'adhérent le plus fanatique d'une secte religieuse. Il est certes difficile d'imaginer efficacement cet état de fait. Ce serait un état d'extase au sens littéral, et c'est la deuxième grande altération que l'esprit composé rend possible. Quelle que soit l'intensité de nos sentiments, même si nous nous efforçons d'aller au-delà de nous-mêmes ou dans l'esprit d'autrui, nous sommes toujours frustrés par les limites de notre individualité. Ici, au moins, ces barrières tomberaient : le sentiment se communiquerait vraiment, les souvenirs seraient communs, et pourtant, dans tout cela, l'identité et la continuité du développement individuel ne seraient pas perdues. Il est possible, voire probable, que les différents individus d'un esprit composé n'aient pas tous des fonctions similaires ou même ne soient pas du même rang d'importance. La division du travail s'installerait bientôt : à certains esprits, on déléguerait la tâche d'assurer le bon fonctionnement des autres, certains pourraient se spécialiser dans la réception des sens, etc. Ainsi se développerait une hiérarchie d'esprits qui serait plus véritablement un esprit complexe qu'un esprit composé.

Les esprits complexes pourraient, grâce à leur extrême longévité, étendre leurs perceptions, leur compréhension et leurs actions bien au-delà de celles de l'individu. Les sens du temps pourraient être altérés : les événements qui se déplaçaient avec la lenteur des âges géologiques seraient appréhendés comme peut l'être un mouvement, et en même temps les vibrations les plus rapides du monde physique pourraient être séparées. Comme nous l'avons vu, les organes des sens tendraient à être de moins en moins attachés aux corps, et la multitude d'agents et de précepteurs subsidiaires, purement mécaniques, seraient capables de pénétrer dans les régions où les corps organiques ne peuvent pénétrer ou espérer survivre. L'intérieur de la terre et des étoiles, des cellules les plus intimes des êtres vivants eux-mêmes, serait ouvert à la conscience angélique, et grâce à ces anges [13] les mouvements des étoiles et des êtres vivants pourraient aussi être dirigés.

C'est peut-être déjà penser assez loin. Au-delà, l'avenir doit se diriger. Pourtant, pourquoi devrions-nous nous arrêter là où notre imagination s'épuise? Même au-delà de cela, il existe des possibilités prévisibles. Sans aucun doute, la nature des processus vitaux eux-mêmes sera étudiée de manière beaucoup plus intensive. Créer la vie elle-même ne sera qu'une étape préliminaire, car dans ses phases les plus simples, la vie ne peut pas vraiment différer du monde inorganique. Mais la simple fabrication de la vie n'aurait d'importance que si nous entendions la laisser évoluer d'elle-même à nouveau. Ceci, comme le suggère M. Whyte[14] dans *Archimède*, est nécessairement un long processus, mais il n'est pas nécessaire d'attendre. Au lieu de cela, la vie artificielle serait, sans aucun doute, utilisée comme un accessoire de l'activité humaine et ne serait pas autorisée à évoluer librement, sauf à des fins expérimentales. Les hommes ne se contenteront pas de fabriquer la vie : ils voudront l'améliorer. Pour une

---

[13] Le concept d'ange chez Bernal n'est pas à prendre au sens religieux du terme. Il s'agit d'un esprit doté d'une puissance cognitive incommensurable. La conscience angélique est une étape de la transcendance de l'être humain en vue de l'omniscience.

[14] Lancelot Law Whyte (1896-1972) est un philosophe et scientifique écossais ayant notamment écrit *Archimède ou l'avenir de la physique*.

matière rendue vivante par la nature, l'homme en aura mille. La matière vivante et organisée sera autant disponible et malléable pour l'homme mécanisé ou composé que le sont aujourd'hui les métaux, et peu à peu cette matière vivante viendra se substituer de plus en plus aux fonctions inférieures du cerveau telles que la mémoire, les actions réflexes, etc, dans l'homme composé lui-même, car les corps à cette époque ne seraient plus qu'un lointain souvenir. Le cerveau lui-même deviendrait de plus en plus séparé en différents groupes de cellules ou de cellules individuelles dotées des connexions compliquées, et occupant probablement un espace considérable. Cela signifierait une perte de motricité qui ne serait pas un inconvénient du fait de l'extension des facultés sensorielles. Chaque partie n'aurait pas besoin être remplacée ou réparée et cela assurerait en soi une éternité pratique d'existence, car même le remplacement d'une cellule cérébrale, précédemment organique, par un appareil synthétique ne détruirait pas la continuité de la conscience.

La nouvelle vie serait plus plastique, plus directement contrôlable et en même temps plus variable et plus permanente que celle produite par l'opportunisme triomphant de la nature. Peu à peu l'héritage de la lignée directe de l'humanité - l'héritage de la vie originelle émergeant à la face du monde - s'amenuiserait, et finirait par disparaître effectivement, se conservant peut-être comme une curieuse relique, tandis que la vie nouvelle qui ne conserve rien de la substance de l'ancienne, mais bien plutôt son esprit, prendrait sa place et continuerait son développement. Un tel changement serait aussi important que celui à travers lequel la vie est apparue pour la première fois à la surface de la terre et pourrait être tout aussi graduel et imperceptible. Enfin, la conscience elle-même peut prendre fin ou disparaître dans une humanité devenue complètement éthérée, perdant l'organisme qui lui était étroitement lié, devenant des masses d'atomes dans l'espace communiquant par rayonnement, et finalement peut-être se résolvant entièrement dans la lumière. C'est peut-être une fin ou un début, mais d'ici c'est hors de notre portée.

Le Monde, la Chair et le Diable

IV. Le Diable

Pourquoi les premiers angles d'attaque contre les forces inorganiques du monde et la structure organique de nos corps semblent-elles si douteuses, fantaisistes et utopiques ? Parce que nous ne pouvons abandonner le monde et soumettre la chair que si nous expulsons d'abord le diable, et le diable, malgré tout ce qu'il a perdu d'individualité, est toujours aussi puissant. Le diable est ce qu'il y a de plus difficile à combattre : il est en nous, on ne le voit pas. Nos capacités, nos désirs, nos confusions intérieures sont presque impossibles à comprendre ou à gérer dans le présent, encore moins pouvons-nous prédire ce que sera leur avenir. La psychologie aujourd'hui n'est guère en meilleur état que la physique au temps d'Aristote. Elle a acquis le vocabulaire, les mouvements généraux et les transformations des motifs conscients et inconscients sont décrits, mais rien de plus. Pourtant, en l'absence d'analyse scientifique, il faut bien dire quelque chose, car tous les changements que j'ai prédits dans le monde organique ou inorganique doivent, en premier lieu, partir d'un motif psychologique humain et s'effectuer par l'opération des processus intellectuels humains. Nous ne sommes évidemment pas en mesure de prédire les orientations nouvelles particulières qu'un changement de psychologie donnerait au développement humain, au-delà de ce qui résulterait de la suppression de ce que nous savons être des causes inhibitrices, de sorte que je ne tenterai ici que d'estimer les effets des forces psychologiques dans la prévention ou le retardement du type de processus décrit dans les deux premières sections. Le progrès du futur ne dépend plus de l'évolution physiologique, mais de la réaction de l'intelligence sur un univers matériel. Elle sera entravée ou arrêtée soit par un échec dans la capacité de maintenir une pensée intellectuelle créatrice, soit par le manque de désir d'appliquer une telle pensée au progrès de l'humanité, soit, bien sûr, par la réunion de ces deux causes. Considérons d'abord les facteurs retardateurs qui mettent en danger la capacité de pensée créative. Certains sont apparents maintenant. Il est assez clair qu'ils sont actuellement inefficaces pour arrêter le cours de la pensée, mais ils ne l'ont pas toujours été dans le passé et nous ne pouvons pas être sûrs qu'ils ne le seront pas à l'avenir. L'un des facteurs retardateurs les plus menaçants du présent est la spécialisation, d'autant plus qu'elle est appelée à s'accroître avec les connaissances scientifiques elles-mêmes. Mais il est douteux que la spécialisation en elle-même soit capable d'immobiliser la pensée scientifique. Elle la retarde dans la mesure où le spécialiste ignore la pensée courante dans d'autres domaines, et le remède à cela est évidemment un système intelligemment exploité de distribution et de gradation des connaissances afin que chaque travailleur puisse avoir la quantité d'information dont il a besoin en dehors de son propre domaine, sous une forme qui peut être absorbée avec un minimum d'effort mental. Le problème est essentiellement celui des communications avec une armée en fonction. Après une avancée rapide, les communications se désorganisent et il y a un arrêt temporaire jusqu'à ce qu'elles soient à nouveau en état de marche.

Une telle organisation du travail intellectuel à des fins déterminées implique un changement fondamental : elle est analogue au passage d'une société de cueillette à une société de production alimentaire. Le scientifique moderne est un sauvage primitif. S'il est actif et entreprenant, il traque sa proie seul ou en petits groupes, s'il est industrieux et minutieux, il rassemble et empile les produits naturels autour de lui, mais il doit remercier pour son succès non seulement sa propre compétence et la tradition de son métier, mais aussi la richesse de la nature et l'indigence de ses compagnons. La bonne chasse ne durera pas plus longtemps, car le sol labouré est plus riche.

Nous serons contraints de tenter des recherches planifiées et dirigées employant des centaines de travailleurs pendant de nombreuses années, et cela ne peut se faire sans risquer de perdre indépendance et originalité. C'est un obstacle sérieux et fondamental, mais il peut être surmonté de deux manières. Il devrait être possible d'améliorer les méthodes d'enseignement, de sorte à ce que l'activité mentale et la capacité de former de nouvelles associations, ne soient pas incompatibles avec l'exécution d'un travail de routine. C'est-à-dire que chaque chercheur doit être potentiellement capable d'ajouter et de modifier l'ensemble du cours de la recherche et de ses conjectures. En même temps, il est certain que l'originalité, le pouvoir d'organisation et l'assiduité continueront à être, comme aujourd'hui, très inégalement répartis, et c'est un problème essentiellement social que de faire la meilleure répartition des fonctions, en utilisant pour les opérations les plus routinières des gens qui, dans les conditions actuelles, ne seraient pas du tout des travailleurs scientifiques, et en utilisant des organisateurs pour transformer en plans d'action les idées incohérentes des penseurs. Le pédantisme et la bureaucratie - symptômes d'un respect inintelligent du passé - sont aujourd'hui de réels dangers, mais une fois leur genèse comprise, on peut les faire disparaître.

La spécialisation est amenée par l'étendue du domaine dans lequel la science opère, mais à mesure que nous pénétrons plus profondément dans la nature, la complication intrinsèque des phénomènes augmente et les modes de pensée utilisés dans la vie ordinaire deviennent plus inadéquats pour les traiter. Il est concevable que l'offre d'esprits capables de se faire une impression sur ces problèmes plus profonds puisse tomber de plus en plus en deçà du nombre requis, et que tous les efforts de l'éducation pour produire dix génies là où un seul a grandi auparavant seront déjoués par des difficultés intrinsèques à la nature. Il est impossible de savoir si cela se produira. On peut deviner, par l'expérience du passé, que la nature n'est jamais aussi compliquée qu'elle en a l'air, que la valeur de la théorie et de la pensée déductive et l'utilisation d'un langage et d'un symbolisme appropriés réduiront les difficultés dans la mesure où elles sont abordées.

Quelle que soit leur apparence pour le pessimiste d'aujourd'hui, ce n'est pas dans la spécialisation ou dans la complication que semble résider le principal danger pour le progrès. C'est dans quelque chose de beaucoup plus profond et de beaucoup plus insaisissable. Bertrand Russell, dans l'un de ses *Essais sceptiques*, prédisant la fin prochaine de l'âge scientifique, suggère que les gens passeront de la physique à la métaphysique parce que l'espoir que la première a nourri est considéré comme vain, sauf pour les nouveaux peuples à moitié cultivés. Après tout, c'est peut-être l'espoir qui détermine vraiment si une époque est ou non créative. Mais l'existence de l'espoir à tout moment dans une société dépend de nombreuses causes psychologiques, économiques et politiques inexplorées. Je ne pense pas que les facteurs en jeu soient d'ordre mystique, mais qu'ils nécessitent un démêlage considérable.

Il semble y avoir deux déterminants psychologiques dans toute culture : une moisson d'individus anormaux capables de performances supérieures à la moyenne, et une masse de personnes efficaces non pas tant par leur nombre que par leur emprise certaine sur la tradition. À l'état normal, les anormaux sont dominés par la masse de deux manières. Leur mode d'expression est dicté par les codes et les normes de la société, Même l'individu le plus aberrant doit partout se conformer à l'un des rares types d'individus normaux reconnus. Le même type d'esprit qui ferait aujourd'hui un physicien aurait fait au Moyen Âge un théologien scolastique. De plus, il existe un processus de sélection dans lequel la tradition actuelle décide de la valeur et de l'efficacité relatives de chaque type d'individu. Ainsi, même si de tout temps les individus types sont toujours produits dans la même abondance, seuls ceux sélectionnés sont efficaces, comme les ascètes méditatifs en Inde ou les vendeurs énergiques en Amérique. La masse du peuple, ou plus exactement la classe dirigeante, paie le joueur de flûte et donne le ton. Le génie n'est puissant que lorsqu'il s'adapte aux tendances de l'époque. De ce point de vue, nous approchons de la fin de la période de confort respectable qu'exigeait le puritanisme et que produisaient les mathématiques et l'artisanat. Mais cette période ne peut pas se terminer par une régression à l'état médiéval, c'est-à-dire par l'ultime insatisfaction à l'égard de la science. Avant cela, la science, élevée au pouvoir par l'industrialisme, peut devenir à son tour la tradition directrice.

Le Monde, la Chair et le Diable

Les événements politiques et sociaux doivent aussi être effectifs, mais pas de façon très évidente. La confusion politique et la paix prolongée affectent sans aucun doute la pensée créatrice, mais il n'est pas du tout certain qu'elles l'entravent ou l'aident respectivement. Si l'on compare Athènes, l'Italie de la renaissance et la Chine féodale d'une part, et les empires romain, espagnol et chinois d'autre part, la guerre semble favoriser positivement l'activité mentale. Mais autant d'exemples à l'effet contraire pourraient être trouvés. Il peut y avoir quelque chose de vrai dans l'hypothèse que partout où la guerre semblait stimulante, il s'agissait d'une guerre entre égaux approximatifs, de sorte que les catastrophes étaient considérées comme dues à la folie ou à la perversité humaine. Dans le cas des Empires, en revanche, la paix s'est faite au prix d'une soumission à l'autorité, bureaucratique ou spirituelle, qui a privé les hommes de leur autonomie et de leur capacité créatrice. Quoi qu'il en soit, les facteurs historiques tendent à avoir un caractère quelque peu cyclique et à la longue à s'annuler, bien qu'il soit toujours possible qu'une époque détruise ou fasse oublier davantage que les époques précédentes, et qu'un point culminant défini peut être atteint dans le progrès humain. Cela peut être plus proche que nous ne le pensons (si ce n'est pas déjà passé) et l'humanité peut devenir statique jusqu'à ce qu'elle soit détruite par les forces cosmiques. Pourtant, il semble plus probable que nous soyons sur le point d'atteindre, en raison de notre réussite matérielle, un autre ordre de changements cycliques qui peut nous conduire aux étoiles.

Qu'une époque ou un individu s'exprime par la pensée créatrice ou par le pédantisme répétitif, c'est plus une question de désir que de puissance intellectuelle, et c'est probablement davantage la nature de leurs désirs que de leurs capacités qui déterminera si l'humanité se développera ou non plus loin. Or, il semblerait que le temps présent soit très critique pour l'évolution du désir humain. C'est une époque où la nature du désir a été perceptible pour la première fois, et cette perception nous permet de distinguer deux possibilités très différentes. La vie intellectuelle, tant dans ses aspects scientifiques qu'esthétiques, n'est plus vue comme la vocation de l'esprit rationnel, mais comme une compensation, comme une perversion de désirs plus primitifs et insatisfaits. Maintenant, la question qui se pose est la suivante : cette perversion est-elle dans la ligne de l'évolution, ou est-ce simplement un processus pathologique temporaire ? Si par une psychologie plus saine, une manière de vivre plus conforme à la nature, il s'avérait que la satisfaction des désirs purement humains - ou, comme on pourrait quasiment le dire, purement mammifères - est capable d'absorber toute l'énergie que la sublimation transforme maintenant via les canaux scientifiques ou esthétiques, alors la race humaine pourrait bien se trouver statiquement employée à mener une existence idyllique, mélanésienne[15], faite de manger, de boire, de convivialité, de faire l'amour, de danser et de chanter, et l'âge d'or pourrait s'installer définitivement sur le monde. D'autre part, il se peut que, malgré le désir, la nécessité d'échapper à la vie sur les chemins de la création intellectuelle ou esthétique soit affaibli par l'application d'une psychologie intelligente. Une libération correspondante des conflits internes qui entravent maintenant ces deux formes de l'expression, peut compenser davantage que ce qui est perdu, et nous pouvons trouver la capacité de vivre à la fois des vies pleinement humaines et pleinement intellectuelles. Cette dernière alternative est plus conforme aux développements récents de la psychologie freudienne qui divisent le psychisme en Ça primitif, en Moi qui est son expression de contact avec la réalité, et en Surmoi qui représente ses aspirations et ses idéaux[16]. Le rationalisme s'est efforcé de faire du Surmoi le partenaire dominant, mais n'a jamais réussi, non seulement parce que son niveau était trop élevé pour permettre aux forces primitives de s'exprimer, mais parce qu'il était lui-même trop arbitraire, trop entaché de désirs primitifs déformés pour jamais être mis en correspondance avec la réalité. Le naturalisme, moins nettement, visait à donner libre cours aux désirs primitifs, mais a également échoué parce que ces désirs sont trop primitifs, trop infantiles, trop incompatibles avec eux-mêmes pour être satisfaits même

---

[15]Désigne ici le mode de vie simple des populations indigènes des îles océaniques
[16]Voir par exemple *Le Moi et le Ça*, Sigmund Freud (1923)

à travers la plus grande licence. Le but de la psychologie appliquée est désormais d'aligner, par l'analyse ou l'éducation, les idéaux du Surmoi avec la réalité extérieure, en utilisant et en rendant inoffensif le pouvoir du Ça et en menant à une vie où une pleine sexualité adulte serait équilibrée avec une activité objective. C'est cette alternative qui rend non seulement possible, mais presque nécessaire le progrès mécanique, biologique que j'ai esquissé, car une humanité intellectuelle saine ne se contentera jamais de se répéter dans les cercles de la pensée métaphysique comme les immortels de Shaw[17], mais aura besoin d'une véritable extériorisation dans la transformation de l'univers et de lui-même. Un tel développement pourrait difficilement laisser inchangés les types d'intérêts humains actuels pour l'art, la science et la religion.

C'est ici que la prédiction est la plus difficile et la plus fascinante. Sous l'influence de la psychologie, il se pourrait bien que, tout comme toutes les branches de la science elle-même fusionnent en une image unifiée du monde, les activités humaines de l'art et les attitudes de la religion puissent être fusionnées en un seul modèle d'action-réaction de l'homme à réalité. La reconnaissance de l'art qui façonne toute la science pure ne signifiera pas nécessairement l'abandon de tout l'art actuel par la science, mais signifiera plutôt l'achèvement de la

---

[17]Possible référence à George Bernard Shaw (1856-1950), essayiste irlandais critiquant le désir vain de l'immortalité.

transformation de l'art qui a déjà commencé. L'art s'exprimant d'une part dans une sorte d'architecture généralisée, massive ou moléculaire, donne forme aux possibilités infinies d'application de la science. D'autre part, une poésie généralisée exprime les complexités toujours croissantes de la compréhension de l'univers, tandis que la religion clarifiée par la psychologie en reste à l'expression du désir qui pousse l'homme à travers l'univers dans la compréhension et l'espoir.

Il ne suffit cependant pas de considérer l'absence ou la présence du désir de progrès, car ce désir lui-même ne se rendra effectif que lorsqu'il pourra vaincre le dégoût et la haine bien réels que la mécanisation a déjà suscités. Ce dégoût n'est rien à côté de ce que la majeure partie de l'humanité actuelle ressentirait même pour le plus doux des changements qui sont suggérés ici. Le lecteur a peut-être déjà ressenti ce dégoût, notamment par rapport aux changements corporels. Je l'ai ressenti moi-même en les imaginant. L'efficacité de ces sentiments conservateurs est l'équilibre de deux facteurs opposés. Les changements dont il s'agit ne viennent pas d'un coup : envisagés à grands traits dans la séquence donnée, leur nature donnerait à penser qu'ils se succèdent avec une fréquence croissante, comme le passé l'a déjà montré. Or, plus les changements environnementaux sont rapides, moins l'esprit individuel pourra s'y adapter et plus ses réactions émotionnelles seront violentes. En même temps, ces changements donnent de plus en plus de pouvoir aux groupes d'hommes qui s'en mêlent et les provoquent, de sorte que, jusqu'à présent, dans la guerre des machines, les mécanistes ont toujours été les vainqueurs. Mais, bien sûr, si les réactions émotionnelles de la masse augmentaient plus rapidement que la puissance des mécanistes, c'est l'inverse qui se produirait. Une grave crise de la civilisation mécanique provoquée par sa faiblesse technique inhérente, ou ce qui est beaucoup plus probable, par son incapacité à organiser des ajustements sociaux secondaires, est susceptible d'être exploitée par les facteurs émotionnels hostiles à tout mécanisme, et nous pouvons être plus proches à une telle réversion que nous le supposons. Aux livres récents représentant des points de vue très divergents, les derniers travaux de M. Aldous Huxley[18] et de M. D. H. Lawrence, montrent à la fois l'affaiblissement des désirs, la réalisation imminente de la futilité du scientifique, et un détournement de l'ensemble de la mécanisation de la part des esprits les plus humains. La même pensée trouve un écho sous un autre angle encore dans les écrits de M. Bertrand Russell. Ils peuvent être des prophètes prédisant véritablement le destin de la nouvelle Babylone ou simplement, se lamentant sur un passé perdu à jamais. Avec ces incertitudes devant nous, chacun doit suivre ses propres désirs, en acceptant que son adversaire puisse avoir autant raison que lui. Les événements montreront lequel avait raison, mais seulement une fois son propre temps écoulé.

---

[18]Voir son œuvre la plus célèbre : *Le meilleur des mondes* (1932).

Reste encore une autre éventualité. La plus inattendue, mais pas forcément la plus improbable : le développement d'un dimorphisme dans l'humanité où le conflit entre les humanisateurs et les mécanisateurs se résoudra non par la victoire de l'un ou de l'autre, mais par la division de la race humaine - une section développant une humanité pleinement équilibrée, l'autre tâtonnant au-delà d'elle. Mais cette possibilité implique la considération de facteurs mécaniques et biologiques dont la synthèse, avec le psychologique, sera tentée dans mes dernières pages.

Le Monde, la Chair et le Diable

V. Synthèse

Après avoir suivi nos principales lignes de changement séparément, il nous reste maintenant à considérer l'interaction entre les éléments physiques, physiologiques et psychologiques de l'évolution humaine future. Il est très facile de voir les relations entre les deux premiers : la colonisation de l'espace et la mécanisation du corps sont évidemment complémentaires. La dissemblance entre les conditions de vie dans l'espace et sur terre suffirait à elle seule à provoquer des changements évolutifs parfaitement normaux, non assistés, chez l'être humain. Mais évidemment, les conditions spatiales seraient davantage favorables à l'homme mécanisé qu'à l'homme organique. S'il pouvait se débarrasser de la majeure partie de son corps et de son apport indispensable et relativement important d'oxygène et d'aliments saturés en eau, la nature cellulaire des globes célestes cesserait d'être nécessaire. Cela donnerait à l'homme mécanisé un avantage semblable à celui que la cellule animale, relativement souple et nue, a sur la plante rigidement délimitée. Ce n'est d'ailleurs que dans l'espace que les potentialités des formes les plus développées des esprits complexes auraient un champ de fonctionnement adéquat, en particulier dans leurs relations temporelles étendues.

Le Monde, la Chair et le Diable

Il se peut que nous approchions ou atteindrons finalement une conception du temps qui rendra le transit dans le temps aussi facile que le transit dans l'espace. Mais toutes nos connaissances actuelles, en dehors de nos désirs, suggèrent que c'est improbable. Même si le temps et l'espace étaient rendus équivalents, gagner une seconde du futur équivaudrait à parcourir 180 000 *miles*[19]. Mais même sans un changement fondamental dans la conception du temps, les facultés temporelles de l'homme mécanisé seraient encore très différentes des nôtres. L'extension en sera le caractère principal : déjà au stade du singe, le présent réel d'un animal embrasse une courte partie du passé et du futur. L'anticipation du mouvement, par l'innervation musculaire et la mémoire, par sa rétention des images issues de l'influx nerveux, prolonge le présent à la limite d'une seconde environ. Chaque fois que nous jouons au tennis, nous sommes des prophètes qui ne connaissons pas la position future de la balle qui est conçue comme présente. Au stade humain, nous nous sommes étendus principalement vers l'arrière grâce à notre mémoire ; notre prévision immédiate étant limitée par le manque de connaissances scientifiques. Il augmente maintenant rapidement, mais n'est généralement pas accepté comme prévision, car il est conscient et intellectuel. Cependant, la prévision tend manifestement à devenir de plus en plus déductive et, pour l'homme mécanisé, ce qui est immédiatement

---

[19]Environ 289 682 kilomètres.

appréhendé peut comprendre des années ou des siècles de passé et d'avenir.

On peut donc se représenter ces êtres, comme des résidents nucléaires pour ainsi dire, dans un ensemble relativement petit d'unités mentales, chacune utilisant le strict minimum d'énergie, reliées entre elles par un complexe d'intercommunication éthérée, et se répandant sur d'immenses zones et périodes de le temps au moyen d'organes sensoriels inertes qui, comme le champ de leurs opérations actives, seraient, en général, à une grande distance d'eux-mêmes. Comme le théâtre de la vie serait davantage le vide de l'espace froid plutôt que l'atmosphère chaude et dense des planètes, l'avantage de ne contenir aucune matière organique, de manière à être indépendant de ces deux conditions, se ferait de plus en plus sentir.

C'est lorsque l'on se tourne vers l'interaction sur le plan psychologique que les difficultés resurgissent. Le physique et le psychologique ont une influence mutuelle qu'il est très difficile d'apprécier à l'heure actuelle. Sans aucun doute, si les tendances modernes comportent en elles des éléments de permanence, une grande partie de l'activité future sera consacrée à la seule fin de mieux comprendre l'univers. L'humanité ou ses descendants, pourraient bien être beaucoup plus préoccupés par la recherche purement scientifique et beaucoup moins par la nécessité de satisfaire des besoins principalement physiologiques et psychologiques qu'ils ne le sont actuellement. Ce caractère peut marquer l'ensemble du développement futur, de sorte que les machines seront organisées non pour la production, mais pour la découverte. En effet, la grande nécessité de produire soit de la nourriture soit d'autres objets de consommation disparaîtra rapidement avec les progrès de la déshumanisation. Mais de tels changements sont petits comparés à ceux qu'entraîneraient nécessairement les altérations physiologiques que j'ai suggérées.

L'esprit humain a toujours évolué en compagnie du corps humain ou du corps animal avant qu'il ne soit humain. Les connexions complexes de l'esprit et du corps doivent dépasser notre imagination, car de notre point de vue, nous sommes singulièrement empêchés de les observer. Toute modification physiologique ou chirurgicale parfaitement saine des fonctionnements du corps aura certainement des effets secondaires, mais aussi une grande portée sur l'esprit. Ces effets secondaires seront encore imprévisibles au moment où les changements physiologiques auront lieu. Mais c'est tout à fait en accord avec l'évolution humaine et naturelle que les changements secondaires ne doivent pas être pris en compte lorsqu'on réagit au désir ou au stimulus primaire : en d'autres termes, les étapes physiologiques seront probablement franchies sans tenir compte des conséquences psychologiques, qui peuvent, bien sûr, détruire tout l'organisme ou, au contraire, conduire à une augmentation importante et imprévisible de la compréhension et de l'efficacité mentales. C'est en raison de ce délicat équilibre entre facteurs physiologiques et psychologiques que l'avenir, comme le présent, sera semé de dangereuses d'embûches. Nous aurons à toutes les époques des réactionnaires très sains d'esprit nous avertissant du danger et nous implorant de rester dans l'état naturel et primitif de l'humanité, qui est généralement l'avant-dernière étape de leur propre histoire culturelle. Mais les conséquences secondaires de ce que les hommes ont déjà fait - les réactionnaires autant que les autres - les emporteront alors comme aujourd'hui. Évidemment certains déplacements ou perversions psychologiques considérables doivent se produire pour équilibrer les perversions physiologiques. Les instincts sexuels en particulier, qui trouvent encore une satisfaction directe considérable, seraient modifiés de manière à les rendre méconnaissables. On peut supposer qu'il existe une sorte de principe de conservation psychologique qui les empêchera, comme il les a empêchés jusqu'à présent, d'être complètement supprimés. Mais en quoi seront-ils changés ? La solution peut être une extension de la sublimation de l'instinct sexuel, un processus qui est actuellement en dehors du contrôle conscient, mais qui peut ne pas toujours le rester. Une part de la sexualité peut être sublimée par la recherche scientifique[20], et une autre part, bien plus grande, doit être sublimée par la création

---

[20]On pourrait parler ici de *libido sciendi*.

esthétique. L'art du futur, en raison même des possibilités et des matériaux dont il disposera, aura besoin d'une impulsion formatrice infiniment plus forte qu'aujourd'hui. La tendance cardinale du progrès est le remplacement d'un environnement aléatoire indifférent par un environnement délibérément créé. Au fil du temps, l'acceptation, l'appréciation, voire la compréhension de la nature, seront de moins en moins nécessaires. À la place, viendra le besoin de déterminer la forme désirable de l'univers contrôlé par l'homme qui n'est ni plus ni moins que l'art.

La psychologie d'un esprit complexe doit différer presque autant de celle d'un esprit simple et mécanisé que la psychologie de ce dernier différerait de la nôtre, parce qu'il s'agit de quelque chose qui doit être sous-jacent et peut-être même plus grand que ce que la sexualité implique. Par l'intercommunication intime des esprits, l'existence même de l'ego serait altérée pour la première fois. Une sorte d'équilibre devra être trouvé entre chaque personnalité partielle et corporative. C'est ce que nous pouvons vaguement esquisser quand nous pensons aux conflits entre l'ego et les pulsions sexuelles, ces dernières essayant toujours de briser l'isolement du premier et d'aller vers un autre individu ou un groupe. S'il est possible d'atteindre cet objectif, les résultats seront inévitablement énormes et peut-être écrasants. Les personnalités corporatives formeront-elles des complexes de plus en plus grands jusqu'à ce qu'il n'y ait plus qu'une seule intelligence, ou y aura-t-il une multiplication de complexes séparés, évoluant différemment avec les conflits qui en résultent ? Les considérations spatiales semblent, dans l'ensemble, favoriser cette dernière opinion, mais il faut tenir compte d'énormes augmentations des communications et de la capacité de conduite rationnelle.

Une autre considération psychologique encore plus profonde surgit à ce stade. Quel sera l'avenir du sentiment ? Doit-il être corrompu ou complètement remplacé ? En d'autres termes, les hommes mécaniques ou corporatifs du futur seront-ils émotifs ou rationnels ? Ici, nous avons très peu d'éléments pour nous guider. Nous ne savons pas si la relative froideur de l'intellectualisme moderne est l'effet d'un développement considérable ou d'une perversion dangereuse. Même si nous connaissions la réponse à cette question, cela ne nous aiderait guère, puisque nos nouveaux êtres auraient un équilibre physiologique différent. Cet équilibre ne sera pas, comme le nôtre actuellement, à la merci des interactions incontrôlées de l'individu et de l'environnement. La sensation, ou en tout cas les tonalités de sensation, seront certainement sous contrôle conscient. Une tonalité de sensation sera induite afin de favoriser l'exécution d'un type particulier d'opération. Bien sûr, il serait excessivement dangereux pour les êtres humains dans leur état actuel d'avoir ce type de contrôle sur leurs sentiments. Une grande majorité se contenterait probablement de rester dans un état de bonheur plus ou moins extatique, mais l'homme du futur aura probablement découvert que le bonheur n'est pas le but de la vie. Nous sommes allés aussi loin que possible dans nos conjectures. La psychologie de l'organisme complètement mécanisé reste un mystère.

Considérée du point de vue du présent, la réalisation d'un tel programme de développement humain doit sembler une préoccupation bien inutile, mais nous pouvons douter que la civilisation actuelle apparaisse à un Athénien instruit comme quelque chose digne de marquer l'apogée de ses efforts. Nous ne devons pas supposer une psychologie statique ou un autre domaine de connaissance statique. Nous lui cherchons un avenir immédiat qui soit le produit de notre propre désir. En y parvenant, nous devenons différents. En devenant différent, nous désirons quelque chose de nouveau. Il n'y a donc pas d'obsolescence sauf lorsque le développement lui-même s'est arrêté. De plus, le développement, même dans ses étapes les plus raffinées, sera toujours un processus très précaire. Les dangers pour toute la structure de l'humanité et de ses successeurs ne diminueront pas à mesure que leur sagesse augmentera, car, sachant davantage et voulant davantage, ils oseront encore plus, et en osant, ils risqueront leur propre destruction. Mais cette audace, cette expérimentation, c'est vraiment la qualité essentielle de la vie.

Le Monde, la Chair et le Diable

Le Monde, la Chair et le Diable

VI. Possibilité

Il devrait maintenant être possible de se faire une image du schéma général du développement comme un tout unifié, et bien que chaque partie puisse sembler plausible dans le détail, d'une manière obscure, le résultat total semble pourtant incroyable. Cette incrédulité est peut-être fondée, car ce qui est suggéré n'est pas tant un accomplissement qu'une transformation de l'humanité, une mise en place de ce qui est virtuellement une nouvelle espèce ou plusieurs nouvelles espèces, et un mode de mise en place qui est en soi le départ des méthodes d'évolution consacrées par le temps. Maintenant, je crois que ce schéma est plus qu'une simple possibilité, que lui ou un autre semblable ont à peu près une chance égale de se produire, mais je dois justifier cette croyance non par des hypothèses sur l'avenir, mais par l'analyse des causes agissant dans le présent. La manière la plus fructueuse est peut-être de poser la question : « Quel est le but effectif de la race humaine telle qu'elle est actuellement ? » Nous pouvons éliminer des réponses aussi peu satisfaisantes que « Pour la gloire de Dieu », car, même si cela est vrai, elles ne différencient pas l'humanité des autres parties de la création. La réponse que l'on cherche est d'ordre historique et économique. Les sociétés humaines sont des produits récents et, jusqu'à présent, peuvent être essentiellement qualifiées de sociétés coopératives dans la production alimentaire, ou peut-être, pour inclure le confort, de sociétés coopératives dans la satisfaction corporelle. Elles se distinguent ainsi des sociétés d'insectes qui sont essentiellement, comme l'a souligné Wheeler, des sociétés reproductives. Certes, en remplissant la fonction de sécurisation d'une couvée, les sociétés d'insectes sont allées loin pour devenir des unités de production alimentaire, et la complémentarité chez l'homme se manifeste par le soin accru apporté à l'éducation. Mais la dévotion aux enfants n'a jamais été le moteur de l'activité humaine. La faim et le sexe dominent toujours le côté mammifère primitif de l'existence humaine, mais à l'heure actuelle, il semble que l'humanité a sa satisfaction à portée de main. L'abondance permanente, qui n'est plus un rêve utopique, attend l'arrivée de la paix permanente. Aujourd'hui encore, grâce au capitalisme rationalisé ou à la planification de l'État soviétique, le problème de la production et de la distribution des biens nécessaires à la satisfaction première de tous les êtres humains est avancé avec une méthode uniforme et intelligente. La bêtise et la perversité des intérêts séparés peuvent retarder son couronnement pendant des siècles, mais elle doit venir progressivement et sûrement.

Maintenant, en supposant que cet état soit atteint ou presque atteint, que va devenir l'humanité ? S'agit-il, comme les sociétés d'insectes stabilisées, de s'installer dans une éternité de jouissance méthodique, ou bien apparaît-il, par quelque hasard imprévu, un nouvel objectif, une nouvelle raison d'exister au-delà des appels de la faim et de la luxure ? Les primates, puis l'homme, ont développé l'intelligence pour assouvir leurs désirs dans un monde de plus en plus difficile à vivre. Ils l'ont développée comme les plantes primitives prennent l'habitude de manger, ou les poissons celle de respirer. Tout comme ces plantes sont devenues des êtres qui vivaient pour manger et ces poissons sont devenus des animaux qui vivaient pour respirer, nous pourrions, avec le temps, vivre pour penser au lieu de penser pour vivre. Mais cette analogie biologique comporte un élément très suggestif : il reste plus de poissons dans la mer qu'il n'en est jamais sorti. Ce n'est pas l'habitude du processus évolutif de transformer l'ensemble d'un état de vie en un autre. La nature choisit plutôt un développement particulièrement heureux et lui permet de s'étendre à la place, et même aux dépens de ses efforts antérieurs. Si l'homme doit développer quelque chose de nouveau, la question lancinante est de savoir si toute l'humanité va se développer ou seulement une partie de celle-ci ? L'analogie biologique en faveur de cette dernière possibilité serait accablante si l'homme était une espèce ordinaire, mais il se trouve qu'actuellement, pour la première fois dans l'histoire, il consiste virtuellement en une seule société, et nous ne pouvons nous référer au développement d'aucun type nouveau, en particulier d'aucun type solitaire, issu du milieu d'une même société.

Le Monde, la Chair et le Diable

Mais ce qui, bien sûr, pourrait se développer à partir d'une société serait une autre société qui serait d'abord simplement une partie de celle-ci, mais qui ensuite se différencierait d'elle de plus en plus clairement.

Si nous considérons seulement que les alternatives qui conduisent au développement, laissant de côté l'état non impossible dans lequel l'humanité serait stabilisée et vivrait une existence oscillante pendant des millénaires, nous devrions alors considérer, à la lumière du présent, les alternatives suivantes : soit l'humanité progressera dans son ensemble, soit elle se divisera définitivement en une partie progressive et une partie non progressive. Maintes et maintes fois dans l'histoire, il s'est produit l'élévation d'une classe particulière ou d'une culture particulière à un point où il semblait y avoir un gouffre permanent entre elle et les autres cultures ou classes. Pourtant, ce gouffre n'était pas permanent, l'aristocratie particulière déchut et ses avantages se répandirent si largement qu'ils devinrent ordinaires. La cause n'en est pas obscure : premièrement, les aristocrates ne différaient que superficiellement de la masse, et deuxièmement, ils ne progressaient pas eux-mêmes de manière à augmenter leur distance et à laisser l'humanité derrière eux. L'aristocratie actuelle de la culture occidentale, au moment où elle domine le plus nettement le monde, est imitée rapidement et avec succès dans tous les pays orientaux. Ce n'est pas sur le modèle d'une aristocratie culturelle ou de la formation d'une classe plus apte à mener la vie bonne que la scission du genre humain est susceptible de se produire, parce que de telles aristocraties ne font qu'atteindre une humanité plus complète, et là où elles mènent la race humaine suivra. C'est plutôt l'aristocratie de l'intelligence scientifique qui peut donner lieu à de nouveaux développements. Elle est apparue durant les siècles précédents, éparpillée, isolément ou à travers de petits groupes, mais la révolution mécanique et ses conséquences ont accru le nombre de scientifiques et en même temps leur densité. De plus en plus, le monde peut être dirigé par l'expertise scientifique. Les nouvelles nations, l'Amérique, la Chine et la Russie, ont commencé à s'adapter consciemment à cette idée. Les organes scientifiques sont naturellement d'abord conçus comme consultatifs et ils ne deviendront probablement jamais autre chose, mais à chaque progrès dans la direction d'une psychologie plus rationnelle, le pouvoir du conseil augmentera et celui de la force diminuera proportionnellement. Cette évolution, couplée à l'élargissement de la notion d'intérêt privé pour y inclure, presque nécessairement, une certaine considération de l'humanité, tendra à centrer la souveraineté réelle sur les organes consultatifs. Les scientifiques auraient alors une double fonction : faire fonctionner le monde comme une machine efficace apportant nourriture et confort, et percer à jour eux-mêmes les secrets de la nature. Il se pourrait bien que les rêves de Dédale et le destin d'Icare se réalisent tous les deux. Une humanité heureuse et prospère jouissant de son corps, exerçant les arts, patronnant les religions, peut se contenter de laisser la machine, par laquelle ses désirs sont satisfaits, entre d'autres mains plus efficaces. Les découvertes psychologiques et physiologiques donneront aux pouvoirs dominants les moyens de diriger les masses dans des occupations inoffensives et de maintenir une parfaite docilité sous l'apparence d'une parfaite liberté. Mais cela ne peut se produire que si les pouvoirs en place appartiennent eux-mêmes à des scientifiques. Car un État dans lequel les gouvernants s'imposeraient de la même manière qu'aujourd'hui, et dont la perspective épouvante tant M. Bertrand Russell, est essentiellement instable (bien que cette manière soit possible) et vouée à conduire à la révolution, qui serait provoquée par l'inefficacité progressivement croissante des gouvernants et l'insurrection de plus en plus effective des exclus intelligents. Même un État scientifique ne pourrait se maintenir qu'en augmentant perpétuellement son pouvoir sur le milieu non vivant et vivant, s'il n'y parvenait pas, il retomberait dans le pédantisme et deviendrait une aristocratie tout à fait ordinaire. Dans les chapitres précédents, j'ai donné l'idée d'une manière dont ce développement scientifique pourrait avoir lieu à travers la colonisation de l'univers et la mécanisation du corps humain. Une fois ce processus enclenché, en particulier sur le plan physiologique, il y aurait une barrière effective entre l'humanité altérée et l'humanité non altérée. La séparation des savants et de ceux qui pensent comme eux - une classe de techniciens et d'experts qui formerait peut-être dix pour cent de la population mondiale - du reste de l'humanité, épargnerait la lutte et les difficultés qui ne manqueraient pas de s'ensuivre s'il y avait une quelconque tentative de changer l'ensemble de la population, et atténuerait, dans une certaine mesure, l'hostilité que ces changements fondamentaux produiraient nécessairement. L'humanité dans son ensemble, accédant à la paix, l'abondance et la liberté, pourrait bien se contenter de laisser de côté les gens fanatiques mais utiles qui ont choisi de déformer leur corps ou de se faire exploser dans l'espace. Et si, à un moment donné, l'ampleur des changements leur faisait prendre conscience que quelque chose d'important et de terrifiant s'était produit, il serait alors trop tard pour qu'ils fassent quoi que ce soit. Même si une vague d'obscurantisme primitif balayait alors le monde de l'hérésie que serait la science, la science elle-même serait déjà en route vers les étoiles.

En traçant ce développement, cependant, nous avons négligé d'autres considérations importantes. Jusqu'à présent, l'édifice cumulatif de la science s'est construit à l'aide tant du monde pratique que du monde théorique, et les savants eux-mêmes n'ont jamais constitué une caste héréditaire ou même fermée. De deux manières, le progrès de la science dépend de l'humanité non scientifique. À mesure que l'expérimentation devient plus complexe, la nécessité d'y faire coopérer des éléments techniques extérieurs devient plus grande et le laboratoire moderne tend de plus en plus à ressembler à l'usine et à employer à son service un nombre croissant d'ouvriers purement routiniers. Si le développement doit suivre, même dans les premiers stades, selon les lignes que j'ai indiquées ci-dessus, cette nécessité d'assistance économique et technique sera multipliée plusieurs fois. Plus important encore, la complexité de la pensée scientifique - et en particulier de la pensée scientifique théorique - fait appel à un nombre toujours plus grand d'intelligences de premier ordre, et le développement moderne de la science ne peut guère être déconnecté des mutations politiques et économiques qui permettent de recruter le personnel scientifique dans des cercles de plus en plus larges. Car jusqu'à ce que nous sachions, par l'inspection d'un nourrisson ou d'un ovule, qu'il deviendra un génie, ou qu'il pourra faire de n'importe quel nourrisson un génie grâce à une éducation appropriée, nous devrons compter sur la diffusion d'une éducation générale pour assurer que tous les esprits performants soient utilisés.

Ce recrutement de la science est le moyen le plus sûr d'empêcher l'apparition d'un dimorphisme humain permanent, car il renforce ce qui est probablement le facteur le plus fort en cause : le conservatisme émotionnel des scientifiques eux-mêmes. La simple observation des scientifiques devrait suffire à l'heure actuelle pour montrer que toute crainte de dimorphisme immédiat est infondée. À tous égards et excepté la différence de leurs travaux, ils ressemblent physiquement à leurs frères non scientifiques, et personne ne serait plus choqué qu'eux à l'idée d'élever une nouvelle espèce et d'abandonner la majeure partie de l'humanité. En effet, qu'ils inventent des sous-marins ou des grenades sous-marines, ils ont le sentiment de servir l'humanité. La conscience de la solidarité - et plus encore, l'identification émotionnelle inconsciente avec le groupe - est une force formidable qui lie l'humanité, et tant que les scientifiques sont motivés par cette force dans leur individualité, le dimorphisme serait impossible.

Mais les savants ne sont pas maîtres du destin de la science. Les changements qu'ils provoquent peuvent, à leur insu, leur imposer des positions qu'ils n'auraient jamais choisies. Leur curiosité et ses effets peuvent être plus forts que leur humanité.

Ces deux obstacles à la séparation des savants, bien qu'imposant, sont de ceux qui perdraient de leur force avec le temps, alors que ceux qui favorisent leur séparation tendent à s'accroître. L'importance technique du savant doit lui permettre de se voir accorder l'administration indépendante de grandes ressources et mettre fin à l'état mendiant dans lequel il se trouve actuellement. Les sociétés scientifiques pourraient bien devenir des États presque indépendants et être autorisées à entreprendre leurs plus grandes expériences sans consulter le monde extérieur - un monde qui serait d'ailleurs de moins en moins en mesure de juger de l'objet des expériences. Il est très probable qu'avant que l'indépendance réelle de la science puisse se faire sentir, l'organisation du monde devrait passer par son stade actuel de semi-capitalisme jusqu'à la dictature complète du prolétariat, car il est peu probable qu'une corporation scientifique puisse, dans un état capitaliste ordinaire, être autorisée à être aussi riche et puissante. Dans un État soviétique (non pas l'État actuel, mais libéré du danger d'attaque capitaliste), les intuitions scientifiques deviendraient en fait peu à peu le gouvernement, et une étape supplémentaire de la hiérarchie marxiste de domination serait atteinte. Les scientifiques à un tel stade auraient tendance très naturellement à s'identifier au progrès de la science elle-même plutôt qu'à celui d'une classe, d'une nation ou d'une humanité en dehors de la science, tandis que le reste de la population, par l'enseignement d'une éducation dans laquelle les valeurs les plus élevées sont d'ordre scientifique plutôt que moral ou politique, sera beaucoup moins susceptible de s'opposer efficacement au développement de la science. Ainsi, l'équilibre qui s'oppose aujourd'hui à la division de l'humanité pourrait bien pencher, presque imperceptiblement, dans le sens opposé. Toute la question est en grande partie une question de nombre, et le deviendrait entièrement dès que la quantité et la qualité de la population seraient contrôlées par l'autorité. D'un certain point de vue, les scientifiques émergeraient comme une nouvelle espèce et laisseraient l'humanité derrière eux. D'un autre point de vue, l'humanité - l'humanité qui importe - pourrait sembler changer en bloc, laissant derrière elle dans un état relativement primitif ceux qui sont trop stupides ou trop têtus pour changer. Ce dernier point de vue suggère une autre analogie biologique : il n'y aura peut-être pas de place pour les deux types d'humanités dans le même monde et l'ancien mécanisme d'extinction entrera alors en jeu. Les êtres les mieux organisés seront obligés, pour se défendre, de réduire le nombre des autres, jusqu'à ce qu'ils n'en soient plus sérieusement incommodés. Si, comme nous pouvons bien le supposer, la colonisation de l'espace aura eu lieu ou aura lieu pendant que ces changements se produisent, cela peut offrir une solution très commode. L'humanité - l'ancienne humanité - serait laissée en possession incontestée de la terre, pour être considérée par les habitants des sphères célestes avec une curieuse révérence. Le monde pourrait, en fait, se transformer en un zoo humain, un zoo si intelligemment géré que ses habitants ne se rendent pas compte qu'ils ne sont là qu'à des fins d'observation et d'expérimentation.

Cette perspective devrait plaire aux deux parties : elle devrait satisfaire les scientifiques dans leurs aspirations vers plus de connaissances et d'expériences, et les humanistes dans leur recherche du bien-vivre sur terre. Mais d'une manière ou d'une autre, elle déçoit du fait même qu'il s'agit de solutions possibles et probables conformément à nos propres connaissances. Nous n'attendons pas ou ne voulons pas vraiment le probable. Tous les hommes, même les moins religieux, gardent à l'esprit, lorsqu'ils pensent à l'avenir, l'idée du *deus ex machina*, de quelque événement transcendantal, surhumain, qui, sans nécessiter leur concours, conduira l'univers à la perfection ou à la destruction. Nous voulons que l'avenir soit mystérieux et plein de pouvoirs surnaturels. Et pourtant ces mêmes aspirations, totalement éloignées du monde physique, ont construit cette civilisation matérielle et continueront à la construire dans l'avenir tant qu'il subsistera une relation entre l'aspiration et l'action. Mais peut-on compter là-dessus ? Ou plutôt n'avons-nous pas là le critère qui décidera de la direction du développement humain ? Nous sommes sur le point de pouvoir voir les effets de nos actions et leurs conséquences probables dans l'avenir. Nous tenons encore timidement l'avenir, mais le percevons pour la première fois, en fonction de notre propre action. Après en avoir eu la vision, devons-nous nous en détourner si quelque chose venait à heurter la nature même de nos désirs premiers, ou la reconnaissance de nos nouveaux pouvoirs suffit-elle à transformer ces désirs au service de l'avenir qu'ils devront engendrer ?

Le Monde, la Chair et le Diable

Manifeste des Mutants

Manifeste des mutants
Suivi de *Mutation, mode d'emploi*

Manifeste des Mutants

Manifeste des mutants

Pour 2001, nos parents rêvaient d'une odyssée de l'espace où des ordinateurs intelligents regardent leurs ancêtres australopithèques en clignant de l'œil. Au lieu de cela, on nous enferme chaque jour davantage dans la gestion ennuyeuse de la planète. Le principe de précaution se métastase à l'infini et gangrène les esprits : toujours plus de confort et toujours moins de risque, toujours plus de sécurité et toujours moins d'audace. On ne crée rien, on ne transforme rien, on conserve tout. Bref : on étouffe.

Pas d'idées, pas de projets, pas d'horizon. En terme évolutif, cela signifie : pas de mutation ni de variation, donc plus de sélection ni d'évolution. Le principe est simple : ce qui se reproduit sans se modifier ne peut s'adapter et finit par disparaître. La diversité, c'est la vie ; l'uniformité, c'est la mort. Vous avez envie de finir votre existence dans la peau d'un fossile vivant en train de regarder bouche bée un astéroïde cogner la planète bleue ? Pas nous !

Nous sommes différents. Nous sommes les premiers mutants.

Nous aimons vivre. Évoluer encore et toujours, plus vite et plus loin. Nous voulons devenir l'origine du futur. Changer la vie, au sens propre et non plus au sens figuré : créer des espèces nouvelles, adopter les clones humains, sélectionner nos gamètes, sculpter le corps et l'esprit, apprivoiser nos germes, dévorer des festins transgéniques, faire don de nos cellules-souches, voir les infrarouges, écouter les ultrasons, sentir les phéromones, cultiver nos gènes, remplacer nos neurones, faire l'amour dans l'espace, débattre avec des robots, tester des états cérébraux modifiés, faire des projets avec notre cerveau reptilien, pratiquer des clonages diversifiants vers l'infini, ajouter de nouveaux sens, vivre vingt ans, deux siècles ou devenir immortels, habiter la Lune, terraformer Mars, tutoyer les galaxies ; nous portons en nous le plus civilisé et le plus sauvage, le plus raffiné et le plus barbare, le plus complexe et le plus simple, le plus rationnel et le plus passionné. Tout s'est réuni un matin clair et la mortelle tiédeur des temps passés n'est plus qu'un mauvais souvenir.

Nous sommes les agents secrets de la vie. Elle-même ne le sait pas encore.

Petits-fils de Darwin en colère, nous revendiquons pour les nôtres le principe d'imprécaution. Et pour cause : il mène le monde depuis ses origines. Qui ne tente rien n'a rien : l'évolution l'a compris voici 3,5 milliards d'années, le primate humain depuis 15 petites décennies. Il serait temps de combler le retard.

Avons-nous le choix ? Certains y croient et souhaitent en revenir à ce bon vieux temps qu'ils n'ont jamais connu : tant mieux pour eux ! Nous n'avons ni haine ni mépris. Nous aimons la variété, même celle des espèces humaines

Manifeste des Mutants

à venir. A un carrefour, chacun doit choisir sa direction : nos ancêtres en ont fait ainsi, nous continuons leur geste. Après tout, le dernier saut évolutif qui nous a séparés de nos presque-frères les singes n'a pas si mal réussi aux uns comme aux autres. Maintenant que cette histoire est finie, nous souhaitons tout simplement en commencer une autre. En toute liberté. En toute innocence.

Au loin brillent les étoiles, qui nous attendent depuis le commencement de l'univers. Il est minuit, Dr Faust.

Nous évoluerons. Et personne ne nous en empêchera.

Manifeste des Mutants

Mutation, mode d'emploi

Comme son nom l'indique, un manifeste a pour but de rendre évident un phénomène qui lui préexiste. Voici le mode d'emploi de la Mutation.

1. Ce texte n'est pas seulement un texte : c'est un réseau de neurones né dans un cerveau humain et provisoirement incarné dans des mots.

2. En le lisant, votre propre cerveau a légèrement modifié ses connexions électriques et chimiques. Si le texte vous a enthousiasmé ou révulsé, les modifications concernent même des zones émotionnelles un peu plus profondes.

3. En d'autres termes, votre cerveau a déjà muté. Parvenues à une taille critique, ces mutations mentales entraîneront un jour une mutation réelle (c'est-à-dire un acte en vue d'organiser une mutation biotechnique).

4. Que vous le vouliez ou non, ce texte est partie intégrante de votre esprit. Dès lors, vous avez trois choix : l'oublier, le garder pour vous, le répandre. Ne croyez surtout pas que vous pouvez combattre directement ce texte, par exemple en mettant en garde autour de vous : cela revient en effet à le répandre, c'est-à-dire à augmenter la probabilité de la Mutation.

5. Si vous êtes vous-même un mutant, le texte a percuté une connexion neuronale équivalente, déjà présente en vous. Vous éprouvez le désir de le répandre. Ce besoin de

réplication est le principe même de la vie, le plus ancien, le plus puissant.

6. Pour cela, la procédure est très simple : il vous suffit de faire un copier-coller et d'envoyer le manifeste à qui bon vous semble. En quelques jours, il fera ainsi le tour du monde et touchera des millions d'esprits. Bien plus rapidement qu'une mutation génétique avantageuse profite à une population dans des conditions naturelles (c'est notre avantage sur l'évolution).

7. Il est fortement conseillé de modifier le texte à votre gré, voire de le transformer en son ou en image. Vous êtes en effet le meilleur juge de sa capacité de pénétration des esprits de votre entourage : telle phrase inutile sera supprimée, telle autre ajoutée. L'essentiel est de préserver l'idée nucléaire : nous allons muter pour évoluer. Les mots qui entourent cette idée ne sont que des récepteurs de surface, destinés à s'accrocher aux neurones, à révéler la Mutation.

8. Le texte lui-même est donc une mutation permanente. Il est d'ailleurs très probable que le version dont vous venez de prendre connaissance ne soit pas sa version originale : cela importe peu. Les modifications que vous lui apporterez formeront votre contribution personnelle à la Mutation.

9. Dans peu de temps, vous verrez émerger des semblables. Alors se décideront souverainement les dix prochains siècles.

Manifeste des Mutants

Manifeste des Mutants

Table des matières

Thomas Primerano est professeur de philosophie et diplômé d'un Master de philosophie obtenu à la Sorbonne. Il est notamment membre de l'Association de la Cause Freudienne et sympathisant de l'Association Française Transhumaniste.

Remerciements aux membres de la MIA
(*Marxists Internet Archive*) qui ont autorisé
la traduction à partir du texte anglais :
https://www.marxists.org/archive/bernal/
works/1920s/soul/

Crédit illustration de couverture : Victor
Mosquera